カウボーイになった男

ハングリータイガーの50年、そして明日へ

ハングリータイガー会長

井上 修一

カウボーイになった男

ハングリータイガーの50年、そして明日へ

目次

目次

目次

序章　私の原点

すべてはアメリカへの憧れから始まった

人間にはだれでも自分の一生を支配してしまうような鮮烈な出会いとか、その後の人生の方向を決定する原点となった経験といったものがあるにちがいない。

私の場合、それはアメリカ映画だった。もっと言えば、それは西部劇で、さらにせんじ詰めれば、カウボーイなのである。

昭和二十二年に小学校に入学した私の世代は、ほぼ間違いなく全員がアメリカという国に憧れ、強烈な影響を受けて育った世代である。私もいうまでもなく、典型的なアメリカ一辺倒の少年だった。

お菓子や食料、娯楽も十分でなかった戦後に少年時代を過ごした私にとって、映画館の暗い片すみで息をこらしながら見たアメリカ映画の数々はじつに豊かな人生の教師であり、また、強烈なカルチャーショックでもあった。

当時盛んに読まれたアメリカのコミックに『ブロンディー』があるが、人々がこのコミックを通して見ていたのはブロンディー一家の後ろに広がるアメリカの生活だったと思う。

電気掃除機、洗濯機、車、芝刈り機、クリネックスティッシュや大きいカートンのミルク、ハイヒールにダブルベッド、スケスケのブロンディーのネグリジェやホームパーティー……。今となっては日本でも当たり前すぎるくらいの生活のスタイルだが、そのときにはこういう豊かな生活のスタイルというものをこの漫画を通してはじめて垣間見た人たちは多かったはずだ。私のように、アメリカ映画に影響された少年少女たちもまた多かった。そうして私たちの世代はよかれあしかれ、アメリカを強く意識したのである。

その後の人生で、私が何らかの興味や関心を示した事柄は、ほとんどすべてがその頃のアメリカ映画の影響だということを最近になって思い当たるのである。

車、乗馬、カントリーライフ、カントリーウエスタン、ステーキ、牛……。

車を除けば、ほぼすべて、西部劇の世界である。

私の少年時代は西部劇が全盛のころで、いまでも名作と呼ばれる西部劇がしょっちゅう上映されていた。ガンベルトを腰に巻き、テンガロンハットを斜めにかぶった西部劇のヒーローたちを私は映画館の闇のなかでじっと息をこらして見つめていた。その生き方、スタイルにしびれながら――。

砂塵《さじん》を巻き上げ、ひしめきながら移動していく牛たちの熱く、生臭い息づかいまで私は肌で感じるような気がしたのである。

カウボーイたちは夜になると焚火《たきび》の周りで食事をする。飯盒《はんごう》で温めた豆の煮ものや焙《あぶ》り肉、バーボンウイスキー……。

食事も旨そうだったが、そのあとで地面の土や砂をすくって食器を洗うのが格好よかった。小さい鍋でコーヒーを沸かす仕草もしびれた。

「いつか、あんな風にコーヒー粉を熱湯に放り込んでコーヒーを沸かしてみたい」

危険と義務を一人背負いながら、山野を渡って責任を果たしていくカウボーイの鞍上《あんじょう》の姿は、ただ、わけもなく、少年の私には格好よかった。いま思えば、この孤独に荒野を一人行くカウボーイの姿に私は男の生き方の原点を感じてしまったのかもしれない。

カウボーイが懸賞金付きの犯人を追っていることもあるが、多くのカウボーイはその名の通り、牛の大群を追っていた。

集荷地へ向かう牛の大群、水を求めて移動していく牛の群れ。牛たちはひしめきあい、ぶつかりあい、ちょっとした刺激にも地を鳴らして疾走《しっそう》していく。もうもうたる砂ぼこりと牛の鳴き声。

　また、広大な牧場の囲いの柵に寄りかかるカウボーイの側でひたすら草を食《は》む牛たち。

　私は異常なくらい、カウボーイと牛に興味を抱きはじめていた。後年、アメリカ留学を志した動機の一つに、〝ほんもの〟のカウボーイの生活をアメリカで経験したいというのがあったのは事実である。

　留学時代、私はこの少年の日の夢を実現すべく、馬で山脈を越えたことがある。それこそ、アメリカ狼の遠吠えを聞き、片手鍋の熱湯にコーヒーを放り込んで沸かしながらの旅であった。

　生涯の仕事として、牛や牛肉に関わることになったのは不思議ではなかったのかもしれない。


　いつの日か、自分の牧場を持ち、牛を育て、本物のカウボーイになることを目標に決め、そのための準備として選んだのがレストランの経営だった。もちろん、商品は牛肉。横浜でステーキとハンバーグのレストラン「ハングリータイガー」を創業したのはアメリカ留学から帰国した二年後の一九六九年のことであった。

それから五十年がたった。

ハングリータイガーは二〇一九年、満五十年を迎える。ずいぶんいろいろなことがあったと思うのに、気が付けば五十年。あっという間のことだった。

私はといえば、いろいろなことがあった末に、いや、それ故に、ついに牧場オーナーの夢を実現した。いまは立派にカウボーイである。

決算期の50期を機に社長の座を長男に譲り、現在はハングリータイガーの代表取締役会長になった。そして、オーストラリア・サウスウェールズ州、ジブラルタル牧場の牧場主でもある。

なんだか牛に導かれた五十年。波乱、危機、喜びや感動にあふれた五十年。無事に大きな節目を迎えることができたことにいまは感謝しかない。

生涯を牛に賭けたといっても過言ではない〝牛バカ〟男の私がこの五十年の人生を振り返ってみた。お読みいただければ幸甚の至りである。

二〇一八年秋

株式会社ハングリータイガー
代表取締役会長　井上　修一

第一章　「牛を育てる」夢に向かって

一九六五年

カナダ・カルガリーの冬——凍える牛たち

私の人生、少なくとも職業人生に大きな影響を与えたものが西部劇の他にもう一つある。それがカナダカルガリーの冬に見た牛たちの、忘れがたい鮮烈な光景だ。

いまから五十数年も前、当時ロスアンゼルスに留学中だった私は、クリスマスの休暇を友人の家のある、カナダのカルガリーで過ごしたことがある。カルガリーには冬季オリンピックが開かれたこともある有名なスキー場がある。カナダのなかでは南の地方にあたるとはいえ、北緯51度。真冬の戸外は日中でも零下10～20度という厳しい寒さである。雪はそれほど降らないが、とにかく寒さが半端でない。

「クリスマスにおいしい雷鳥のローストをご馳走するから……」

そういう友人の母親の言葉にそそのかされて、私と友人は納屋から古い鉄砲を持ち出し、禁猟だったのだが雷鳥撃ちに牧場へ出かけることにした。そのとき母親から「外へ出たら走ってはいけない」と厳重に注意された。「冷たい空気が肺に入って死ぬよ」というのだ。牧場はもちろん道路も野山も雪に埋もれていて、わずかに牧場の柵や小屋の形だけが雪に覆われてこんもり見える。鈍色《にびいろ》の空から雪はどんどんふりしきっていて、午後の陽が傾くにつれ、風はいっそう冷たさを増してきた。鉄砲を持つ手が手袋のなかでかじかんでくるのがよくわかった。

と、牧場の一角に、数十頭はいるかと思われる牛の群れがひとかたまりになっているのが見えた。降りしきる雪のなかで、牛たちは身を寄せ合うようにかたまって、じっと身動きもしない。

彫像のように動かぬ牛たちの上に雪はどんどん降り積んでいくにもかかわらず牛たちは動こうともしない。

「牛はずっとああしているのか」

「そうだよ。ひと冬中ああして過ごすのさ」

「夜も？」

「もちろんさ」

当たり前だ、なにを馬鹿なことを聞くのか、といった口調で友人は答えた。夜になれば気温はさらに下がり、零下30度にはなる。雪面は凍って固くなるだろう。その厳寒のなかを、牛はじっと耐えて冬を越すのだという。もちろん、牧草が枯れてしまう季節だから干し草を餌として与えられているのだが、それでも牛たちの上に屋根はないのだ。

それが自然のルールだという。牛は荒々しいくらい自然な状態のなかで育つ、という考え方である。

つまり、「肉を食べる」ことを生活の基本に置いている国々では、牛は伝統的にそのように飼育されてきた。

現在の仕事を始めてから、より専門的な関心から牛を飼う現場を訪れるようになったが、オーストラリアでもアメリカでも、また、南米の国々でも基本的に牛は草で育てられる。というより、気候風土の違いから、ヨーロッパやアメリカでは、自然に生えている草すら十分に牧草として利用できるのである。だから、牛や馬、羊といった家畜は勝手に放牧しておけば、十分に成長できるだけの〝草〟がある。アルゼンチンは有数の畜産国だが、パンパスと呼ばれる豊かな草原が広がる国土としても有名である。

つまり、これらの国々では〝草を餌として与える〟というより、放っておいても、家畜たちはそこら中の草を勝手に食べて大きくなる。人の手を掛けずに、大量の家畜を育てることができるのである。

「…ヨーロッパで、ひとりでに生える草類が、家畜の絶好の飼料になることに変りはない。しかも、この場合、日本のような無用の雑草を繁殖させないヨーロッパの条件は、森林についても発揮される。日本で森林というと、足の踏みいれようもないほど下草の繁ったものが想像されるが、ヨーロッパではそのようなことはない。手入れをしないで自然のままに放っておいても、下草がそれほど成長しない。人間だけでなく、家畜も自由に森林内にたちいることができる。牛、羊、山羊などとちがい、牧草類をあまり好まない豚などは、こうして森林内をうろつき、どんぐりの実などを食べて大きくなる。

したがって、ヨーロッパで家畜を飼うのは、日本とちがって、すこしも面倒なことではない。極端ないい方をすれば、家畜はほうっておいても大きくなる。ただ、自然のままの

牧草地や森林では不十分なので、人間の手で条件をととのえてきたにすぎない。」（鯖田豊之著『肉食の思想』中公新書）

ヨーロッパにしてもアメリカにしても、家畜にとって役に立たない、しかも繁殖力が強くて、大切な牧草を駆逐してしまう雑草がやたらはびこる日本とは基本的に風土がちがうのである。「草で育つ」のが人にとっても牛にとっても自然である条件が整っているのが「畜産国」だ、と言っていいのではないか。

一人のカウボーイが、どれほど大量の牛や馬を管理しているかは、一度でも西部劇を見たことがある人なら容易に理解できるはずである。これはとりも直さず、放っておいても牛や馬が勝手にエサである草を食べるから、また、それで十分に飼育できるだけの豊かな草があるから、と言っていいだろう。

日本でも、かつて牛を林間放牧したことがある。森林に牛を放牧して自然に草を食《は》ませるのである。当然、肥育経費を軽減させるのが目的で、一九八〇年代、群馬や岩手などでしばしば実験された。ところが、日本の場合、これでは草が足りずに、牛たちがやせてし

1965年 カナダ・カルガリーの冬――凍える牛たち

まう。日本人はやせた牛を、決して食べないから、この試みはすぐ取りやめになった。日本はいかにがんばってもみても畜産国たりえないのである。

欧米が「畜産国」であり、また、伝統的に「肉食の民族」である背景にはこうした条件があるので牛や馬も野生の動物と基本的には同じだ、という考え方は、この後欧米の牧畜の現場で何度もきかされ、また、感じさせられたところである。日本人にとっての牛や馬の存在と、欧米人にとってのそれとは基本的にちがう。

そのころの私は、日本における牛や馬の在り方をまったく知らなかった。アメリカ映画を通して、次いで、本物のアメリカや、カナダで、また、オーストラリアや、ブラジルで……というようにして、ずっと欧米流の巨大な牧場で飼育される牛を見つづけて、「牛は草で育つ」という基本的な考え方を持つに至った。

そのことが、その後の私の〝無謀な〟牧場主への挑戦につながってしまったのだろうと、やっとこのごろになって思うのだ。現実の牧場主となってみて、初めてわかったことは山のようにあるが、自然に生えている草を食べるだけで牛たちは勝手に成長するという間違いもその一つだ。たしかにそうではあるけれど、自然の巡りでどんな国にも「冬」に相当する、草木が枯れるシーズンはある。自然の草原は冬になれば枯れ果ててしまうのだ。牧場を経営するということは決して「なにもしないでいい」というわけにはいかないのだ。

だが、私のなかに芽生えた「牛を育てる」という夢だけはどんどん広がっていった。その後、逆に日本での畜産の現状を知るようになり、また、知りたいと思い積極的に「和牛」を学習した、といってよい。多分に順序は逆になっていたのである。しかし、その分、過剰に「和牛」の学習をした傾向もある。ついには、興味が高じて、自ら昭和六十年から平成二年まで和牛の肥育を手掛けたこともあるくらいだ。

さて、カナダの牛のことに話を戻そう。あまり脱線していると、いくら寒さに耐えるカナダの牛でも凍えてしまうことだろう。

このとき、私がなぜか強い衝撃を感じた牧場の牛は、アルバータ州の牛である。アルバータ州はカナダのなかでも有名な肉牛の産地で、アルバータ牛は最近では日本へもだいぶ入ってきているようだ。寒い気候のせいか、柄は小さいが、質はわるくない。

その後何度か、アルバータ牛を食べる機会に恵まれたが、〝リッチ〟すぎない味は私の嫌いではないものだ。ただ、アルバータの牛が、私のなかで重要な意味を持つのはその味のせいではない。

五十数年前の、あの時見た光景は、私をなぜか粛然《しゅくぜん》とさせた。私の「肉を食べる」姿勢に、一本なにか強い筋金を打ち込んでしまったという気がするのである。

「ものを食べる」ということは、人間にとって基本的に生命《いのち》をつなぐことである。

その行為をおろそかにする人間を私は好まない。

食べたくないのに食べる、おいしく味わわない、材料を無駄にする、おいしく調理しない、食べることを遊びにする、贅沢のための贅沢をする……そうした食べる姿勢を、私は好まない。

「食べること」、ことに「肉を食べる」という行為は真剣に生命に対峙《たいじ》することだと、はっきりとではないが、そのとき感じたのである。

その後レストラン経営者となってから、若い社員たちとの研修で、私は材料をロスすることを厳しく戒《いまし》めるようになった。もちろん、経営上、ロスを出したくない、ということでもあるが、それ以上に、若い彼らに、「我々が扱っている食材は命なのだよ。我々の生のために、命を捧げてくれる牛たちのために、その一片もムダにせず、余すところなく食べ尽くして、その命を我々の生命のなかに生かそう。それが我々の務めであり、感謝だ」ということを伝えたいがためである。

そのために、「上手に肉を焼いてくれ」「お客さまが、〝ああ、おいしい〟と最後まで食べてくださるように」と話すのである。

「ハングリータイガー」の仕事のなかで、とりわけ「チャコールマン」(炭火で肉を焼く人)の技術が大切だとされるのはそのためである。

カルガリーの冬に見たあの牛たちの光景は、私の仕事の姿勢、考え方にかけがえのない、大きな影響を与えたことは確かである。

二〇一八年秋
ジブラルタル牧場から

日本と行ったり来たりの生活ではあるが、私はいま、若い日の夢を実現しオーストラリアで牧場主の生活をしているのだ。

オーストラリアの気候は日本のようにきめ細かくもなく、やさしい温暖差もない。といっても、最近の日本の酷暑を思うとそうとばかりも言っていられないが、それでも日本はまだまだ穏やかな気候に恵まれた国だと思う。オーストラリア在住十五年の経験だけでも、雨季には牧場内の小川が氾濫《はんらん》して物置小屋を押し流すほどの激しさで雨が降るときもあるのに、乾季にはすべての生物が干上がってしまうかのように乾ききってしまうときもある。

何しろ、オーストラリアでは日本と比べると圧倒的に雨量が少ない。海岸沿いの地域は比較的雨が降るが、奥地へ入ると、年間通してやっと100ミリという状態だ。幸いジブラルタル牧場のあるニューサウスウェールズ州は農業地帯としてはよく雨が降るほうで、年間700〜1000ミリくらいは降る。

乾季には牧草も枯れはて牛たちも痩せる。私のジブラルタル牧場は年間通しての放牧牧場だ。そういうわけで牛たちが勝手に牧草を食んでいるのだが、オーストラリアの六月から九月は冬なので、彼らの大切な餌である牧草が枯れてしまう。そんなときには畑で栽培して干しておいた干し草をトラックに積んで牧場内のあちこちに散らばっている牛たちの群れに配ってまわる。というより、干し草を積んで牧場内を走っていくとお腹を空かせた牛たちのほうがトラック目がけて突進してくる。それくらい草が足りなくて彼らは空腹なのだ。

ことに今年の夏は数頭が被害を受けたほど干ばつがひどかった。

ある年、とても気候に恵まれた年のことだが、私は日本へのメールでこんなことを記したことがある。

「幸いこのところ久しぶりに雨が降り続いた。それもしとしとした柔らかい雨だ。牧場の草も生気を取り戻し、わが家の雨水タンクにもだいぶ水を貯めることができた。そういうわけで今日は昼間からたっぷりと湯を張った風呂に浸かり、のんびりとした午後を過ごしている。風呂場の窓から見える牧場では牛たちがそぼ降る雨に濡れながら、一心に青々とした草を食んでいる。

いい眺めだ。しっとり水気を含み、生気に満ちて青々した牧草を食む牛たちが嬉しそうに見える。

あぁ、なんという心地よい日なのだろう。幸せだと思わないわけにいかない。

わが社を襲った、あの嵐のような二年を思うと自分にこんな穏やかな気持ちでいられる日が再び訪れたことがそれこそ夢のようだ。それも若いときから夢見ていた牧場の生活を送り、カウボーイのごとき生活をしている自分がいま、ここにいることが信じられないくらいだ。」

だが、実際に牧場を経営し、そこで生活してみると夢で思っていたのとは違うのは当然として、若い日に思い込んでいた「牛は自然に放っておいても豊富な草で育つ」という前提からしてまったくちがうことに気付かされるのだ。このメールのような、それこそ〃夢のような〃時間は十五年の牧場生活の間にいったいどれほどあったろうか。何年どころか、何ヵ月もなかったかもしれない。だからこそ、この夢のような至福の時間を他の人にも知らせたくなってのメールだったのだろうと思う。

思えば、牧場を持つことは私の長年の夢だった。

私が社会人としての人生のスタートに、右も左もわからないのに外食産業へ飛び込んだのも、それも修業も何もなく、大学卒業後、一気にレストランを創業するという荒っぽい方法を取ったのも、すべてはいつか自分の牧場を持ち、牛たちを飼育するカウボーイの生活をしたかったからなのだ。その資金を貯めるためには、人に仕えて働くより創業することの方が〃手っ取り早い〃と思ったのだ。だが、いまとなれば当然のことながら、その計画は思ったようには甘くなかった。いま思えば、決して〃手っ取り早い〃計画ではなかったかも知れないことを思い知るほかない。

一九六九年 ハングリータイガー創業 〝ザ・元祖〟、「牛肉100％ハンバーグ」の登場

一九六九年九月、私は神奈川県横浜、保土ヶ谷の地でレストラン「ハングリータイガー」を創業した。

アメリカ留学で私が感じていたのはやがて日本にも車社会がやってくるだろうということだった。1店目はやがて来る車社会を見越して、およそ飲食店の店舗にはふさわしくない場所だった保土ヶ谷の丘陵を選んだ。周囲からは猛反対された。学校を卒業したばかりの若造には繁華な場所や便利なところという好条件の立地では出店費用がまかなえなかったということも当然あったが、それ以上に私は資産を持ちたかったのだ。借りた土地では担保にはならない。どんな不便な立地でも、自分の土地であれば次の展開を考えるとき銀行の担保になるなど資産としての価値を持つことができる。それが、周囲には「とんでもない場所」と心配された保土ヶ谷での出店だったのだ。

「ハングリータイガー」の創業は日本初の郊外型ファミリーレストランといわれる「す

かいらーく」より一年早かった。当然、マクドナルドやケンタッキーフライドチキンに先んじていたのである。

日本の大学を卒業後、当時日本にはなかったレストラン経営学を学ぶため、私がアメリカに留学したのは、いま述べたように、まさに手っ取り早くレストランを開業するためだったのだ。準備も経験も全く十分ではなかったのだが、思い立ったらすぐ走り出してしまうという悪い癖はすでにこのときから始まっていたようだ。

私が考えたレストランはステーキとハンバーグの店だった。その主力商品となるハンバーグは他では見たことのない独特のものだった。だが、それは私にしてみれば特別でもなんでもなく、子供のころから自分でつくって食べて、おいしいと思っていたものを商品としただけだった。格別〝独特〟を意識したわけではなかったが、結果的にそれはそれまでの日本のハンバーグの常識を破ったものになった。玉ネギもパン粉も混ぜない100％ビーフのハンバーグを主力商品にした「ハングリータイガー」の創業、それが私の外食産業経営者としての第一歩だった。

私がつくったのは、当時の日本には全くなかった牛肉100％、ラグビーボールのような形のごろんと丸めただけの無愛想なハンバーグ。それを炭火で焼いて、熱した鉄板で提供する。熱々に焼けたハンバーグを、お客さまのテーブルで二つにカットし、ソースをかける。それは最後の調理をお客さまの目の前で行うという演出でもあり、中心の温度を上げるという大事な最終調理でもあった。鉄板の温度は３００度近くあり、かけたソースは一気にジュワァーと湧き上がる。そのジュワッ、ジュジュジュと湧き上がるシズルがお客さまの食欲をそそる。この、いかにもおいしそうなシズル感が、ハングリータイガーのハンバーグに対する購買意欲をあげる一因にもなったと思う。

現在日本中のあちこちのレストランで、このハンバーグの〝そっくりさん〟を見かける。というより、その方々のほうが、あたかも〝元祖〟であるかのように思われている節がありいささか憤懣《ふんまん》やるかたない思いでもあるが、それもこれも料理には他が真似してはいけないという縛りはないから仕方がないと思うしかない。多くのレストランに真似されていることはそれだけ魅力ある商品をつくり出したのだと、ひそかに自負する以外に、このやるかたない気分を払拭する方法はなさそうだ。が、「ザ・元祖」としては、形は真似ても内容まで同じ質とは言えまい、というひそかな自負はある。

それはともかくとして、この愛想のない牛肉100％のハンバーグ、「ステーキを柔らかく食べていただきたい」という思いで調《とと》えてきた肉のおいしさや最後まで温かく食べられる、鉄板で供するという方法がお客さまに受け入れられた。創業のときには約570万人だった神奈川県民のなかに、自分と同じ味覚や嗜好を持った人が1万人ぐらいはいるのではないか、そうであれば年間2億円くらいの売り上げは期待できると考えて出発したハングリータイガーだったが、創業一年を過ぎるころから驚くほどの勢いで人気を呼ぶようになっていた。

目指したのは〝私の街のディナーレストラン〟

一九八〇年代、時はまさに日本経済が右肩上がりに伸びていく時代だった。そんな時代の流れに押されるように外食産業各社の出店は勢いづいていた。

創業当時は、ゆっくり10店舗くらい出店できればいいと思っていた私だったが、外食各社の全国展開へ向けたチェーンレストランの出店攻勢を見るにつれ、次第に落ち着かなくなってきたのだろう。あるいは、知らず知らずのうちに、時代の流れに背を押されていたのかもしれない。最初に考えていた10店舗くらい、という数は十年経ったころには既に超えていたが、そこで終わるつもりはなくなっていた。

だが、冷静に考えれば「ハングリータイガー」は「チェーン」という仕組みにはあまり向かない業態だった。炭火で焼くため、店内の目立つ場所に石やレンガで炉を築き、炭火で肉を焼くという調理方法のため店舗はかなり重装備だった。チェーン化するには初期投資が掛かりすぎるのだ。それより何より、私の店づくりの考えや方針そのものがチェーン向きではなかった。

チェーン理論からいけば、店舗はどこも同じ仕様であるべきで、結果的にどこを切っても同じ顔のでてくる〝金太郎飴〟のような店舗をつくらなければならない。費用効率から考えてもそういう

1969年9月、ハングリータイガーは、横浜・保土ヶ谷の丘の上に開店した。日本外食産業の先駆け的な店である。

ことになる。だが、私はそれがいやだった。街は、どこもそれぞれにその街特有の雰囲気を持っている。その雰囲気に合う店舗をつくりたかった。その気持ちを表しているのが〝私の街のディナーレストラン〟というハングリータイガーのキャッチフレーズである。ビルインの店は別として、出店する街の雰囲気に合わせた店をつくろうとしていた。

すぐ近くに小さな牧場もあり、森のなかという緑の多い田舎のイメージがあった当時の保土ヶ谷の丘陵に建てた1号店は、アメリカ中西部の田舎によく見かける天井の高い馬小屋をイメージしていた。だが、海岸沿いの茅ヶ崎の店は、同じ天井が高くても開放的な海辺のイメージを重視した、という具合だ。

こういう考え方では効率的な利益構造がつくれないことなどお構いなしに、勢いに任せて出店を加速していった。わが社だけでなく多くの企業が右肩上がりの日本経済の中で発展だけを目指していたのだろうと思う。やがてバブル経済の崩壊がやってくることなど思いもつかなかった。

専門店としての位置づけを忘れる

ハングリータイガーは、ステーキとハンバーグを中心にした牛肉料理専門の店だった。レストランの分類でいえば牛肉の「専門店」である。

だが、華々しく全国展開をしていく外食各社にあおられるようにしてチェーン化を目指すようになっていたころから、メニューブックのデザインをファミリーレストラン風なものに変更したり、商品にもファミレス風のものが組み込まれていった。店舗も当初の木と石を多用した、天井の高い、素朴だけれど、それなりの重みのあるものとは明らかに違っていった。店舗展開を急ぐあまり、安上がりなイメージをぬぐえない建築が行われていったのだ。

お客さまはこうした変化に「私のハングリータイガーとはちがう」という反応を示し始めた。

私のなかには、これが「私のハングリータイガー」というイメージが明確にあったのに、自分自身ではそれを明確に意識しきれていなかったのだと思う。世間の動きや「もっと大きく拡大してチェーンとして成長しよう」という周囲の声に押されて右往左往していた時期があった。また、自分のなかにも全国展開していく他の大手外食産業に追いつきたい、という気持ちもあったのだと思う。だが、これが失敗だった。若気の至りだ。

お客さまが「ハングリータイガー」に対して持っていたイメージは、〝ファミレス風〟とはまったくちがうものだったのだ。新しいメニューは、〝ファミレスみたい〟と敬遠され、「私の好きなハングリータイガーはこういうのではないのよね」と、あからさまに文句を言う人もいた。会社の方向性に対して、従業員にも迷いがでてきて混乱が生まれる、客数にも低迷がみられる、という事態になって、この〝ファミレス風〟作戦は撤回せざるを得なかった。一九九〇年ごろのことである。

こういう事態になって、初めてお客さまのなかに「ハングリータイガー」に対する強固なイメージができていることに私のほうが驚かされたのだ。そして、そのお客さまのなかにつくり上げられていた〝ハングリータイガーのイメージ〟こそ、私自身が最初にイメージしていた〝ハングリータイガー像〟だったことは驚きであり、じつに不思議でもある。

このことはメニューについても同様だった。

専門店としての位置づけを忘れる

バブル経済のおかげで、世の中、一気に贅沢な雰囲気が蔓延《まんえん》するようになった。冷静に眺めてみれば、それは特定の場所、特定の人種だけのバブルだったのだが、そうした空気のなかで、「鉄板で料理を提供するなんて時代遅れだ」というようなことをいうコンサルタントがいたりして、ハンバーグは無理でも、なんとか西洋料理の皿で出す料理を多少だが工夫してみたりしたときもあったが、もちろん、お客さまからはそっぽを向かれた。

「こんなの、ハングリータイガーじゃない」というわけだ。

お客さまはハングリータイガーで、そういう〝フランス料理もどき〟を食べたいと思ってもいないのだということを嫌というほどわからされた。

お客さまのこういう反撃に出会うたび、私の手を離れて、勝手に出来上がっている「ハングリータイガーの強固なイメージ」に驚かされることになったのだ。

「もう、ハングリータイガーのイメージは自分の勝手には変えてはいけないのだ」というような、自分がつくったものと思っているのに、もうどこかで自分のものではなく、多くのお客さまのもの、おかしな表現かもしれないが、一種の〝公共性〟といったものを認識せざるを得なかった。

そうして、あらためて「ハングリータイガーの魅力」とは何かを考えたとき、ようやく「牛肉専門店」であることを強く再認識せざるを得なかった。

「ハングリータイガー」はすでに「一つの完成された世界」になっているというような感じで、足すも引くも、そのイメージを壊してはいけないのだと認識したのである。

メニューブックはあらためて重厚感のある専門店らしいものに変更はできたが、それまでに出店してしまった、〝ファミレス〟を意識した、少々軽い感じの店舗はいかんともしがたかった。なんだか、少々ハングリータイガーらしくない、違うものがくっついている、というような感じのまま時間が流れていた。

時代は〝バブル経済〟真っ盛りへ突入していた。

社会のどの分野でも高給で雇用してくれる企業が増え、外食産業は人手不足が著しかった。とりわけ、優秀な人材は他業界へ去っていた。残念だが、サービスの質は低下していた。決して楽ではないハングリータイガーの労働を受け入れてくれる人材の雇用は厳しかった。まして「お客さまと私たち、双方の幸せ」というハングリータイガーの理念を理解してもらうことはきわめて困難になっていた。若い人たちにサービスという考えの根本を理解させることが極めて難しい状況、そして、時代になっていた。

ハングリータイガーらしくない店づくりが行われ、サービスの質も低下していたにもかかわらず、売り上げはなんとか維持していた。炭火で焼く、牛肉100%のハンバーグの魅力は失われてはいなかったのだ。お客さまは、多少の不備に目をつぶっても、ハングリータイガーのハンバーグを食べることを選んでくださっていたのだ。

だが、それにも限界はある。

一九九二年

システムの見直し、再構築を目指す

一九九二年、ついにバブルの崩壊がやってきた。

それは一気に日本経済全体を揺るがし、社会を混乱させることになった。それまでの〝金余り〟に浮かれていた社会全体が急に縮小し始めていった。ハングリータイガーでも客数が日を追って減り始めていた。毎朝、前日の全店売り上げを見ることが苦痛になっていた。識者のなかには、前年比で売り上げを考えることがよくない、というようなことを言う人まで現れ、どこもが売り上げの低迷に苦しんでいることがわかった。

私自身はといえば、バブル経済が崩壊する数年前から全店のシステムを見直さなければ、と考えるようになっていた。

最初から多店舗展開を視野に入れていたわけでなく、無我夢中で創業の1店をつくった、そこからの出発だったのだ。店舗が増えるにつれ、それについての必要な変化はしてきたつもりではあるが、どこかで抜本的な見直しが必要になっていた。「システムの再構築」をしなければ、と強く思うようになっていた。

そのころ、世界でもトヨタのカンバン方式に倣《なら》った「システム」の考え方を取り入れようという動きが進んできていた。日本でも新しいシステムの勉強会が発足していたが、その会は一業一社の入会しか認めていなかった。外食産業から入会を認められたのはすかいらーくだけだった（後になってリンガーハットの入会もある）。そういう勉強会があるこ

1992年 システムの見直し、再構築を目指す

とを知ってから、なんとかそのシステムの考え方を自分たちも学びたかった。それによって、ハングリータイガーのあり方をもう一度考えてみようと思っていたのだ。

それほどの深い考えもなしに創業した「ハングリータイガー」が、時代の急成長に押されるように一気に成長してしまったという恐れは、いつも心のどこかにあった。きちんと構築し直さねば、というような考えがあったのだ。そこでわが社もシステム再構築に向け、専門のコンサルタントを入れて全社でその問題に取り組もうと考えた。思い立ったら一目散、一気に取り組もうとしたが、事前の従業員への説明不足やコンセンサスの求め方がつたなかったのか、それが社内に混乱を招いてしまった。

現状のままでよいとする派、システム再構築に賛成する派に分かれての混乱を生んだのだ。事前の十分な根回しや説明など一切省いて、思い立ったら一気に進みたいという悪い癖が裏目に出た。

そういう経緯があったあとだったので、バブルの崩壊を機に経営の立て直しを図る柱として、再び「システム構築」を掲げようと考えた。

いったんは挫折したシステム再構築だが、その準備としての人材は採用していた。大手

外食産業でシステム構築のチームにいたが、その作業が中途で終了となってしまったという経験のある人間を採用していたのだ。彼らはシステム構築を最後までやり遂げたいと考えていた。外食大手の経営を理解していると思われる数人が採用されていた。中途採用、それも一度混乱のもととなった「システム」担当ということもあって、社内的にはシステム反対派からはなんとなく邪魔にされている節があった。なんとか「システム再構築」を完成させるために、そのチームをあらためて積極的に支援すると決めた。バブル崩壊の年にスカウトした中途採用の幹部の一人にチームの活動を支援し、システム構築を完成させるという役割を振った。

一九九二年から始まったその活動は、当然ながらすんなりとはいかなかった。が、チーム全員があきらめることなく、わずかずつだが従業員の意識改革に取り組んでいった。といって、それは大仰なことをやっていたのではない。バブルの悪しき影響と、その間の店舗管理の不備、言ってしまえば、企業統治の不備だったのだろうが、混乱が生まれていた会社の立て直しという「大事」でも、最初に取り組むことは何も格別大げさなことではないのだということを感ぜざるを得ない彼らの取り組みだった。

大きな変革を小さな一歩から

最初彼らは、各店舗に山と積まれていたあらゆる在庫を減らすことから始めた。過剰在庫は食材に限られたことではなかった。お客さま用のナフキン、ナイフ・フォーク用のテーブルマット、洗剤から雑巾、箸に至るまで、あらゆる食材、備品の数々を適正な量に減らすことが最初の目標だった。バブル時代に採用された、過剰在庫に慣れていた従業員たちをまず教育しなければならなかったのだ。

どういう状況になったら店舗の備品や食材の発注をするかということを教えるのに使ったのは、例えば、割り箸（当時店舗では割り箸を使っていた）。割り箸の束の、あるところに紐で印《しるし》をつける。そこまで来たら発注をかける、というようなことをさせる。こうすることで必要以上の在庫がなくなるのだが、すぐに印の紐がなくとも、従業員たち、アルバイトの高校生たちまで「必要な在庫」という考え方を理解し始める。コックコートのズボンの先を切り裂いてタコの足のようにぶらぶらさせていたような十六、十七歳の高校生アルバイトたちが、チームが教えようとしていることの意味を次第に理解するのである。

そして、そのことはいつの間にか、彼らの言葉や服装や態度にも影響し始める。そして、それは他の従業員、店長たちにとっても当然のことであった。

驚いたことに、彼らが従業員の意識改革に取り組みだしてから、そう時間がかからずに店舗の雰囲気が少しずつだが変わっていくのが感じられた。

割り箸の束にリボンで印をつけるといったような、ごく単純な、言えば、ちっぽけな作業から、店舗全体の雰囲気が変わっていくような改革が始まるということは本当に驚きだった。

といっても実際には、キッチンの道具の位置や、作業場の位置や並べ方、ホールの動線、窓の拭き方から掃除の時間割、パート・アルバイトの時間差でのシフト（その時間の必要労働量から必要人員を導く）、その時間管理、肉の仕入れの見直し、冷蔵庫の肉の積み方や管理の仕方、ごみの置き場の問題まで……店舗で行われているあらゆる作業や管理の方法の見直しを行うということは半端でない仕事量だった。

「システム再構築」を目標とした彼らの作業がほぼ完成となるまでには、実に数年を要した。

店舗体制が整い、当然サービスの方法にも変更が行われ、その質は少しずつ向上していく。ハンバーグも昔のおいしさを取り戻していた。店舗の管理がきちんと行われるようになると原価や人件費などの数値管理が徹底され、それにつれて、当たり前といえば当たり前なのだが、売り上げが回復してくる。利益があがってくる。

二〇〇〇年一月
いざ、株式公開へ

一九九九年七月末、わが社の第31期の決算書がでた。

その決算書には会社始まって以来といっていい好業績の数字が並んでいた。30数店舗すべて、どの店もが良い結果を出していたのだ。この数年、システムの見直しが進むにつれて、ハンバーグやステーキの味も質も向上し、それに伴い当然、業績は回復してきていた。システム再構築に頑固に取り組んできたのだから当然の結果であるとは思ったが、このずらりと好業績の揃った決算書を見たときは、しばし、ときめいたのは偽らざるところだ。

「もう一度、株の公開を目指そう」

そう思った。

10店舗を超えたころ、『555計画』というものを打ち上げたことがある。「5年で、売り上げ50億円、経常利益5億円」を目標に、株の公開を目指すこととし、社員の持株会を立ち上げた。彼らは毎月の積立を開始し、その日に備え始めたのである。だが、その後のシステム再構築を目指すことによる混乱、売り上げの低迷などから、いつの間にか株式公開の思いは遠のいていた。だが、この年の決算は、再び私の「株式公開」という夢に火をつけた。それが可能な業績だった。その後、数ヵ月様子を見ていたが、業績は順調で社内の空気もあきらかにまとまってきていた。行けそうだった。

二〇〇〇年一月、株式公開の準備に入ろう、と決めた。

常務取締役と財務の社員が「株式公開へ踏み切る」という説明のために証券会社に行くことが決まった。持株会発足のときからわが社の担当だった証券会社の担当者は「待っていましたよ。いよいよですね。準備に入りましょう」と喜んでくれた。翌週あらためて、打ち合わせが行われるということになった。

創業三十年、ようやく長年の努力が実って株式公開へ向かうのだ、という一つの「達成」が目の前にあったのだ。

二〇〇〇年二月
O-157事故発生――「達成」、即、どん底へ

「株式の公開に向けていよいよ準備に入る」と決めたその日、証券会社の担当者に説明に行ったのとまったく同じその日に、ハングリータイガーには一気にどん底へ向かって突き落とされるような出来事が待っていた。

数日前からハングリータイガーで食事をしたお客さまがO-157による食中毒事故を起こしている、という情報が保健所からもたらされたのだ。呼び出された保健所で説明されたのは、まだ、ハングリータイガーの食事が原因とは特定されていないが、患者はすべ

てハングリータイガーで食事をしているということ、そして、なかに五歳のお嬢ちゃんがいて、「今夜が山です」という情報だった。今夜が越えられなければ、そのお嬢ちゃんの命はないということだ。即座に、自ら営業全店舗停止を決めた。

原価のかかる牛肉100％、しかも質のいい肉を用いたおいしいハンバーグにこだわり、ハンバーグをお客さまのテーブルでカットしたり、シズル感満点にジュウ、ジュウとさせたり、いろいろ工夫していたのは「お客さまに楽しんでいただきたい」と思う一心からだった。それだけだったのに、そのハンバーグが食中毒を起こすなんて……もし、この五歳のお嬢ちゃんが亡くなるようなことがあれば、到底自分も生きてはいけない。そう思った。

昼間、証券会社から帰った常務から、株式公開に向けて来週から本格的な取り組みが始まるという報告を受けたばかりだったのだ。間違いなく、未来の明るい展開を予想していた。そして同じその日の夜には、自ら営業停止を決めている。食中毒事故を起こしたのかもしれない、という恐怖と同時に、目標の「達成」を思うと同時にこのようなどん底に落ちるような出来事が待っているのか、「嘘だろう」と思いたい気持ちと、「何故だ」という不思議な気もしていた。

一つのことの「達成」はそこで終点ではなく、次がある、その先に続いていくものがあるのだということはわかっているつもりだった。しかし「達成」というとき、やはりそこには何か輝かしいものがあり、その喜びは、いくぶんかの時間は続くものだというような思いは誰にでもあるのではないだろうか。

だが、「ハングリータイガー」三十年の歴史のなかで一つの「達成」がやってきたとき、その「いくぶんか続く」はずの時間はまったくなかったのだ。

「達成」、即、終点。そして、「達成」によってもたらされる「株式公開」やそれに伴う利益というようなものはなにもなく、すぐ「次」へ向かうことになってしまった。達成の後の余韻はまったくなく、隙間なく次がやってきたのだ。

偶然にしてはあまりに出来すぎている。

「ハングリータイガー」は何を目指さされているのか？　どこへ向かってしまうのか。

そんな不安でいっぱいだった。

O-157事故がもたらした嵐の日々

だが、実際には、不安だ、心配だ、と言っているだけでは済まない日々が始まった。最初の数日は、一日中、非難や罵倒の電話が鳴り続けるなか、全員が自分の持ち場で事故の対応に追われ、対策を講じ、どうすればいいのかを必死で探っていた。現在ではO-157事故やそれ以外の菌による食中毒事故がしばしば起こるようになっているが、当時はO-157菌というものがどのようなものなのかはもちろんのこと、その存在もほとんど知られていなかった。それだけに、報道を受け入れる人々の反応も激しかったのだと思う。本部への攻撃だけでなく、各店舗へも直接怒りや非難をぶつけてくる人々もいたのである。

少し事態が落ち着いたころ、私は教育担当だった役員に社員との面談を勧めた。「彼らはきっと辛い思いをしているにちがいない。話を聞いてやってくれ」という気持ちだった。さっそく店長たちとの面談を始めた役員の報告を聞いたときには、あらためて衝撃を受けた。

「いまでも街を歩いていて、石を投げられる夢にうなされて目が覚める」と言って、わっと泣き出した若い店長もいたという。それほど激しく非難され、怒りをぶつけられたのか、どれほど辛かったろうかと思い、この事故によって傷んだのは会社だけでなく従業員一人ひとりなのだとあらためて感じることになった。

だが、そういう怒りや非難をぶつけて攻撃してくる方々の多くは、じつはハングリータイガーのお客さままではなかった。

数日するうち、攻撃が少し収まってきたころから、逆にハングリータイガーのお客さまたちからの「頑張れ！」という励ましの声が届くようになった。

電話で、手紙で、ファックスで、そして差し入れで……。「大変でしょうがみんなで頑張ってね」というお客さまの電話に、怒りの攻撃のときには歯を食いしばって耐えていた本部の女性社員たちが泣いていた。

事故発生のニュースが流れた翌日、お客さまから本部へ2本の日本酒が届けられた。取引先の間違いではない。正真正銘の、店のお客さまからの贈り物だった。

「元気を出してくれ」ということだった。

私はその2本の日本酒を、「これを開けて乾杯する日まで」といって会社の神棚に供えることにした。その日がいつなのかはきっと全員がわかるはずだと思っていた。

患者さんへのお見舞いとお詫び

事故に直接関係ない人々でさえ、これだけの激しい反応を示したのである。

当時、それほど知られていなかったO‐157というものへの理解がない分、ワケのわからないものへの恐怖もあったのではないだろうか。そのうえ比較的大型店でのケースは初めてということもあり、一般の人々だけでなく、地元の保健所はもとより各機関が色めきだった。保健所関係の医師たちの研究会などで、わが社の事例が発表されたりしていた。保土ヶ谷店へは毎日のように地元保健所の職員が現れた。多分、なんらかの〝監視〟というようなことではなかったのだろうか。

直接関係ない人々のさまざまな反応の渦のなかで、私たちが最初に動かなければならな

患者さんへのお見舞いとお詫び

かったのは食中毒事故にあわれてしまった患者さんへの対応だった。

ほとんど全員が、その日、何かの会合や家族との楽しい集まりの食事会に来られていた方々だった。

この食中毒事故での発症患者数は14名。通院だけとか、入院しても一日、二日で済んだ比較的軽症の患者さんが10名。入院が長引いたり、一時的にせよ透析が必要だった重症の患者さんが4名だった。

すべての患者さんとご家族にはすぐにお見舞いとお詫びにうかがった。比較的軽症の10名の患者さんへは常務取締役一人がうかがった。が、重症の4名の方には弁護士も同道でうかがうことにした。社員だけでなく、弁護士が一緒だったことで患者の家族の方々が安心されたのがよくわかったということである。

最初にうかがうときにはどう対応させていただくか、こちらの考え方を説明させていただいた。

「補償の交渉はどの方にも公平にさせていただく」ということと、「補償方法は弁護士会方式による」ということを、書面をもって説明することにした。

顧問弁護士より、交通事故などの補償の方法には「保険会社方式」と、「弁護士会方式」があり、弁護士会方式が保険会社方式より補償される側には有利だとアドバイスがあったためである。少しでも、患者さんにとって有利な補償をしたかった。

重症だった4名の患者さん方も幸いなことに順調に回復された。「今夜が山」と言われたあの五歳のお嬢ちゃんも、ありがたいことに無事回復した。最後まで入院が長引いた、ご高齢のご婦人は一番重症で透析が必要だった。この方は生涯透析を外れることはできないかもしれない、補償は長期にわたると思われていたが、奇跡的に透析を外れ、事故発生の十ヵ月後、十一月には退院することができた。補償や慰謝料を書面にした書類に署名捺印するため、ご家族に伴われてホテルの部屋に現れたそのご婦人にお詫びをすることができたとき、私は何か大きな重い荷物を肩からおろしたような気がした。

「どなたも無事に退院できた。誰も亡くなるようなことがなかった」という思いは、本当にありがたいものだった。大変な騒ぎにはなり、世間を騒がせてしまい、会社も大変な痛手を被った。だが、患者さんすべてが無事だったことがなによりありがたかった。事故によって、我々のすべてがさまざまな困難とぶつかり、苦闘していた。だが、患者さん方が回復できるかどうかということは、それらの苦闘とは全く別の、さらに重大な問題だったのだ。もし、どなたか、一人でも亡くなっていたら……ハングリータイガーはその後の再生を果たせなかったかもしれない。私自身が生きていく希望を失っていたかもしれないからだ。

すべての患者さん方が無事に回復してくださったことは、私たち、ハングリータイガーが再生していく上の重要な鍵になったのだろうと思っている。こんな苦難のなかでも、再生していく希望を残されていた私たちは本当にめぐまれていたのだ。

「安全な肉の焼き方」に取り組む

事故が発生したかもしれないと、保健所長から説明されたとき即座に自ら営業停止を決めたが、ほどなく事故の原因が特定された。ハングリータイガーの店舗の衛生状態には全く問題がなかった。保健所は原因の特定にあらゆるところを検査していたが、倉庫にあったアメリカから輸入した肉のなかからわずかな数量のO‐157菌に汚染されているハンバーグのパティ（「パティ」というのはペースト状の食品を指すのだが、主にペースト状のひき肉を使うハンバーグの具材をこのように呼ぶ）が見つかったのだ。営業停止はすぐに解除になったが、倉庫のハンバーグはすべて廃棄と決まった。

売るものがないレストランはどうやって営業していくのか？

風評被害はいつまで続くのか？

悩みは限りなくあった。だが、私にとって、なかでも一番の問題はハンバーグの焼き方だった。肉のおいしさを十分に残しながら、中心部まできちんと火を通す。これをどう徹底させるのか。これが一番の難点だった。

O-157菌は非常に弱い菌なので、十分に火を通せば、仮に汚染されていても問題ないのだが、我々の店舗での焼き方にも問題があったということである。

マニュアルはあっても、それを運営するのは人間である。従業員たちはいくら教えられて、理解していても、完全な方法で焼いてくれるとは限らない。

だから、人為に頼らず、中心部に熱を通すということを考えなければならなかった。

「安全な肉の焼き方」に取り組む

そうして、たどり着いたのがハンバーガー・プロセッサーとも呼ぶべき機器の開発だった。炭火でしっかり、こんがり焼いたハンバーグを、いったんチャコール・ブロイラーから下げ、この機器に数秒通す。こうすることで中心部に確実に熱が通るのだ。

「この機器の開発に成功したときハングリータイガーは再び立ち上がることができる」と信じていた。

が、当然ながら、事態はそう簡単ではなかった。風評被害による客数減はずっと続いていた、その苦しいなかで機器の開発に必死に取り組んでいた。営業部はハンバーグの焼き方の工夫に日夜奮闘していたのだ。中心部までしっかり火を通せば、肉は固くなりすぎおいしくなくなるのだが、そこをどうクリアするか。全員がハングリータイガーの生きる道を必死に探っていた。

この間の経緯や全員の奮闘、苦労の日々は、『小さくして強くなった』（中田有紀子著・エフビー刊）にまとめられているので、ここでは繰り返さないことにしよう。

二〇〇一年九月

続く試練――BSE問題が日本中を席捲《せっけん》

二〇〇〇年二月のO‐157による食中毒から一年間、毎日が崖っぷちを歩いているような不安な日々だったが、その状況にようやく回復の兆しが見えたのは翌年の夏休みを越えたころからだった。夏休みは広範囲から集客するので、ようやくどの店舗も活況を見せていたが、この状況が夏休み後も続くのかどうかが鍵だった。九月に入ってもそれほどの客数減は起こらず、通常の年と同じような九月の営業という感じが続いた。新しく開発したハンバーガー・プロセッサーの使い方にも習熟してきていた。ハンバーグは昔のような〝レア〟には仕上げられなくなっていたが、問題なくおいしかった。

「ようやく、いつもの客足が戻ったようだ。これで何とかやっていけるだろう」

誰もが、ほっと安堵した。

だが、その安堵は束の間だった。

2001年9月　続く試練―BSE問題が日本中を席捲

ハングリータイガーの試練はまだ終わっていなかったのだ。

社会の仕組みというか、出来事、事件といったことで、いつも不思議に思うのは、一つのことが起こると連鎖的に同じような出来事が続くことだ。

例えば、消費期限切れの材料を使って製品の製造を続けていた会社が摘発されると、一気に同じ事件が発覚する、あるいは、殺人事件でも同じような事件が続くといったことだ。このときは牛肉の問題が一気に噴き出した時期だったのだと思う。

我々がやっと、ほっとしたと思ってからひと月もたたぬ九月十日、国内で初めてのBSE牛発生が報じられた。

しばらく前から、イギリスのBSE牛の発生が報じられていた。メディアが大々的に取り上げるにつれ、牛肉不買の傾向は強くなっていた。BSEは牛の生命にはかかわるが、仮に人が食べたとしても全く問題はないのだ。だが、毎日のようにテレビの画面によろよろとよろけながら歩くBSE牛の姿を映し出されては、なんとなく牛肉を食べようという気がそげてしまうのは当然だろう。O-157事故から続いてBSE牛の問題が世界中に巻き起こっては、一レストランが必死で安全に料理した肉を出しています、と言ったところで、どうにもならない。

テレビに映し出されるBSE牛のよろよろした姿と風評の被害を何とか振り払いつつ頑張って、ここまで這いあがってきたわが社にも容赦はなかった。それでも、ハングリータイガーのハンバーグが好きだ、と言ってくださるお客さままで店はなんとかもっていたのだが、国内でBSE牛が発生してはどうにもならない。

全員が暗い気持ちに落ち込んだ、そんななか、翌九月十一日、世界中を震撼させる大事件が起こった。

ニューヨークで起こったイスラム過激派によるテロである。

西欧文明を象徴するニューヨークの高層ビルに突っ込んでいく飛行機。何百階あるのか、その高層ビルがまるでお菓子のビルのようにグラグラと崩れ落ち、倒れていく。テレビは同じその光景を何回も何回も繰り返し放映していた。それはまるで映画の画面か何かのようだった。人間というのは浅ましいもので、この大変な事態、世界を不穏な状況に巻き込んでいくに決まっているような大事件にもかかわらず、心のどこかで、ちょっとホッとしている自分がいたのは確かである。

「あぁ、これで、あの国内初のＢＳＥ牛のことは忘れてもらえるだろう」という気持ちである。

たしかに、テレビも新聞も毎日一斉にこのアメリカのテロを取り上げ大きく報道していた。日本中、世界中の人々がこの大事件に集中していた。報復の爆撃や首謀者を追い詰めようとするアメリカの作戦を予想して世界中は緊迫していた。

二〇〇一年十月

万事休す。国内２頭目のＢＳＥ牛

だが、そんな状況もようやく一ヵ月もたつころには落ち着き、日常の空気が戻り始めていた。そんななか、十月二日、ついに国内２頭目のＢＳＥ牛が発生してしまった。

万事休す、そんな恐怖に襲われた。

１頭目の発生は、イスラムのテロで隅っこのほうに忘れられていたが、２頭目となるとそうはいかない。世界の情勢も重要だが、国内の、日本人の食の問題はさらに重要だ、というような空気。そうなると、もうテレビも新聞も狂ったようによろよろ歩くBSE牛の姿を繰り返し、繰り返し報道し、悪いイメージを増幅していた。まるで、BSE牛を食べたら人間も危ない、とでも言わんばかりの内容の番組が毎日のように放映されていた。

これでは牛肉専門の店はやっていけない、そう思わないわけにはいかなかった。事実、新聞には毎日のように全国の小規模な焼肉店や牛タンの店、牛肉関連の事業者が倒産した、という報道が出るようになった。

BSE牛発生のニュースが出てから、ハングリータイガーも客数は激減していたから、それらのニュースはわがことのように感じられた。

「他人ごとではない、明日は我々かもしれない」と思いそうになる気持ちをなんとか抑えようとしていた。

ハングリータイガーでも1頭目の発生から当然ながら売り上げは落ちはじめ、ディナータイムの早い時間帯を占めていた子供連れの家族客の姿が消えた。賑やかな、楽しい家族の食事風景がまったく消えてしまっていたのだ。ハングリータイガーの一番すばらしい風景と思っていた家族での食事風景や客層が消えてしまったのだ。毎日、大人だけの組み客が来店し始める夜8時過ぎにならないと営業が始まらないかのようだった。

2頭目発生の報道二日目、十月四日の売り上げはいきなりドスンと落ちて、全店で計約300万円だった。

当時の店舗数は30数店舗（異業態店舗をふくむ）。この全店で300万円ということだ。これがどれだけ異常な、驚愕の数値なのかを理解するには通常の売り上げと比べてみるとよくわかる。

ハングリータイガーの通常の売り上げなら、300万円という数字は、売り上げのいい店の夏休みや祝日なら300万円はほぼ2店舗で達成できる数字だ。それが、全店30数店舗で300万円になってしまったのだ。一気にドスンと落ちた、ということがわかっていただけるだろう。

二〇〇〇年二月のO-157事故後、売り上げを落としていたが、それも事故後一年半以上たち夏休みを超えてようやく回復を見せ始めていたのだ。それが、また、一気にどん底の数字になってしまった。
目の前に見えていた回復への微《かす》かな明かりが、また、消えてしまったのだ。

「倒産」か「民事再生」で生き残るか

日本中を巻き込む〝牛肉バッシング〟の嵐のなかで、牛肉専門に営業して三十年の会社を、どう方向転換したらよいのか、急には思いつくはずはなかった。

ハングリータイガーは三十年間、自分たちが思うよりずっと人気のあるレストラン、売り上げのあるレストランだったのだから、別業態の開発にはさほど努力はしてこなかったし、そのせいもあって、別業態開発の試みがうまくいかなかった面もあったのだ。

どうしたらいいのだろう、思い悩む日々。といっても風雲急を告げているとき、そんなにのんびり構えてなどいられなかったのだ。実際、考えているうちにも財務は逼迫《ひっぱく》してくる。

一人で創業し、誰にもタガをはめられずに思うままに突っ走ってきただけにこの三十年

「倒産」か「民事再生」で生き残るか

間、失敗の事業も少なくはなかったのだ。全く自慢にはならないのだが、人気のある業態を開発して三十年間も運営してきたというのに、財務はいつも余裕があるとはいえなかった。当然、残念ながら社内留保金は驚くほど少なかった。

したがって、十月四日の驚愕の売り上げの急落は、即、会社の存続が危ぶまれる事態を指し示すことになってしまった。このまま急激な回復がない以上、この二年にわたる売り上げの低迷、というより、どん底の売り上げではわが社の倒産も決して過剰な心配などとはいえない、というよりすでに急激に訪れてくる現実になっていた。

O-157事故のときには、まだ、自分が経営者として何をなすべきかはよくわかっていた。

あのときには、まず、安全な肉の手配、安全を担保できる焼き方、温度の入れ方、そのために新しい機器の開発を必死に探っていた。それさえできれば、安全な、熱々のおいしいハンバーグを焼くことさえできれば、お客さまは必ず帰ってきてくださると信じることができた。だから、するべきこともはっきり見えていたのだ。

だが、いまは何をしなければならないのかが、まったくわからなかった。

ハングリータイガーの〝テーマ〟というべき牛肉そのものが、消費者に否定されているのだ。急に豚肉や鶏肉の店に転向するとか、野菜メニューの店に変わるとかは無理だった。あるいは、ある程度の時間を掛けることができればなにか別業態を開発できるかもしれなかったが、一刻を争うこのとき、目前に財務の逼迫が待っている事態では無理だった。一ヵ月、二ヵ月といった、急を要する時間内での全店での方向転向はどうしたって無理だったろう。

十分な社内留保があれば、事態が鎮静してくる間をじっと待つことができたはずだ。だが、財務上、そういう余裕はなかった。

私がしなければならなかったのは、残念ながらなによりも資金の手当てだったのだが……それも時間的に限度がある。いまさら、経営者として経営の安全を考えるより、とにかく前へ、前へ進みたかった、いろいろ挑戦したかったという自分を責めてみたところで、もうどうにもならないところまで追いつめられていた。

しかも、目前に返済しなければならない大口の借り入れがあったのだ。当然ながらこの

「倒産」か「民事再生」で生き残るか

事態にその資金の手当てを受けてくれる金融機関などあるはずもなかった。

ありがたいことに、絶体絶命のこのピンチを救ってくれたのは長い付き合いのあった知人だ。彼が個人的に融通してくれたのだ。だが、その資金も当面のつなぎのものだった。彼のためにもなんとか安心できる融資を受けなければならない。目前の倒産を食い止めるには、必死になって資金の手当てに走り回るよりほかにできることはなかった。先輩たちのアドバイスを受け、ある政府資金を申請していたが、幸いなことに、なんとか、その融資を受けることができ、少し、時間を稼ぐことができた。

その間に、会社をどうするか、決めなくてはならなかった。と、いって、急激な業績の回復を期待したり、待つことはもうできなかった。

「決める」のは、倒産するか、民事再生にするか、会社の売却か、といったことだけになっていた。メインバンクの強硬な提案もそういった方向になってきていた。

この間の苦闘ともいうべき時間、銀行との熾烈《しれつ》なやり取りについては、やはり『小さくして強くなった』を参照していただいたほうがいい。早くこの間の苦闘についてはすっ飛ばして、なぜ、そこからオーストラリアの牧場へ、ということになるのかについて紙面を割きたいのだ。

二〇〇二年一月末
再生を賭けて縮小――そして会社は第二世代に

民事再生や倒産は考えられなかった。

民事再生法を適用して、会社の再生を図るのが常識的だったのかもしれない。そうすれば取引先銀行への債務がなくなり、返済もしないでよくなり、間違いなく私は楽になる。だが、それは望まなかった。借りたものは返したかった。また、長年、よい関係で品物やサービスを納入してくださり、互いに、助け合ってきた取引先にも迷惑をかけたくなかった。

それよりなにより、一番心配だったのは従業員のことだった。雇用したときから彼らの生活を背負う覚悟でやってきたのに、それが果たせないのだ。せめて、退職金は規定通り渡したかった。彼らが会社に積み立てていたものも全額きちんと返してやりたかった。彼らは明日からの生活の不安のなかに踏み出していかなければならないのだ。だから、十分な退職金や社内に積み立てていたものの支払いができなくなることだけはなんとしても避けたかった。

そうだとすれば、私が取る道はハングリータイガーの売却しかなかった。

そういうなか、銀行から紹介されていたM&Aの仲介会社からある案件が提案された。銀行の示す期限ぎりぎり、時間切れ寸前のことだった。その企業の買収条件は、それまでのM&Aの案件に比べ圧倒的にハングリータイガーが望む条件に適《かな》っていた。

何よりありがたかったのはその会社は店舗だけでなく、そこで働く従業員すべて、パート・アルバイトに至るまで、一緒に受け入れたいというのが希望だったのだ。長い間、働いてきた会社から突然離れ、来月の給与の心配をしなければならない従業員を思うといたたまれなかったのだが、その心配をしなくてよくなるのだ。全員が来月も、その次の月も給与を受け取ることができるのだ。そう思ったとき、このぎりぎりの崖っぷちで、こういう企業が登場してきたことは奇跡としか思えなかった。もう、他の条件がどうの、金額がどうの、そんなことはどうでもいいと思った。いいも、悪いもない、ここにするしかないと思った。

しかも交渉の過程で、彼らはハングリータイガーの名前と数店舗は希望しないことがわかった。「ハングリータイガー」の買収でなく、その店舗の建物だけが必要だったのだ。しかも、もし、運よく何店舗か残せたら……と願っていた、その何店舗かを相手はいらない店舗と指定したのだ。

自分たちの責任だけとはいえない、どうしようもない事態に、とてつもなく苦しんだ二年間だったが、その最後の最後に、絵に描いたような解決が待っていた。

二〇〇二年一月末、ハングリータイガーはその大半の店を切り離し、たった3店舗になって再出発することになった。

残ったのは、先方の会社がいらないといった「保土ヶ谷店」「若葉台店」「相鉄ジョイナス店」の3店舗。ハングリータイガーにとって、この3店舗は30数店舗のなかでも、いつも売り上げの1、2位を争う強い店舗だった。

会社を売却した資金で、従業員への退職金、その他の積立等、すべてきちんと渡すことができた。取引先への支払いも当月分を除きすべて清算した。

2002年1月末　再生を賭けて縮小—そして会社は第二世代に

もちろん、銀行も黙ってはいない。彼らは退職金を全額払うことにすら反対だったが、売却の資金が入るとそのうちどれだけ取り戻せるかというところが争いというか、交渉の争点になった。結局、手元に残ったのはわずかな当面の資金だけだった。ここから会社として立ち上がっていくのは、それこそ薄氷を踏む思いだったが、私のなかには、三十年間ハングリータイガーを愛してくださったお客さまを信じようという気持ちがむくむくと湧いてきていた。

「絶対、大丈夫」というほどの強い確信とは言えなかったかもしれないが、この三十年間、「創業した私のもの」とはもう言えないと思うほど、お客さまの思う〝私のハングリータイガー〟に育っていた、その〝ハングリータイガー〟をお客さまが見捨てるはずがない……という思いがひそかにあった。

二〇〇二年二月一日、ハングリータイガーはわずか3店舗で再出発した

売却資金も銀行への返済その他で、わずかな手元資金しか残らなかった再出発だったが、私はそのとき「ハングリータイガーの今後はお客さまが応援してくださるかどうかにかかっている」と言った。そして、ひそかに「きっと、お客さまは応援してくださるだろう」

と信じようとしていた。

そのお客さまたちは、私が信じたようにハングリータイガーを見捨てはしなかった。いや、私が信じた以上に、お客さまは再生しようとしているハングリータイガーを熱い思いで応援してくださったのだ。

残った3店には毎日たくさんのお客さまが駆けつけてくださった。オーダーストップの夜10時半になっても駐車場に入るための車の列が延々続いていた。

「僕たちが応援を怠っていたからこんなことになって……申し訳なかったたって思っている。今度は僕らが応援するから……」

と、お客さまに言われて店の真ん中で思わず号泣してしまった店長もいた。縮小後の店は毎日お客さまの熱い思いであふれるようだった。

それから二年、二〇〇四年十二月、日野店を出店した。縮小後初の出店だった。

その後は一～二年間隔で、ゆっくりだが順調に出店を続け、今年、異業態1店を含め、ようやく10店舗になった。

2002年1月末 再生を賭けて縮小―そして会社は第二世代に

二〇一八年七月末、50期の決算は売上高26億円。利益は30数店舗展開していたときより大きくなった。

様々なつらい体験や厳しい状況を経て、〃どんどん前へ進みたい〃私もようやく「人が育ってから」しか出店をしてはいけない、と考えられるようになった。無理な出店は結局、自分たちの質を下げ、首を絞める。30数店舗あった時代より、10店舗の現在のほうが当然売り上げは少ないが利益は多いのだ。

縮小後の経営が安定してきたところで、そろそろハングリータイガーも次の時代へ入るべきなのだろうと考えるようになった。

二〇一七年八月一日、決算の50期を機に社長の座を長男の元文《もとふみ》に譲り、私は会長職に就いた。

ハングリータイガーも第二世代へ入ったのである。

というわけで、目下のところ、長男の社長が案外無事に会社を運営してくれるようになったので、現在の私はハングリータイガーの代表取締役であるとともに、オーストラリア・ニューサウスウェールズ州、ジブラルタル牧場のオーナー兼カウボーイ生活をやや中心にして日々を送るようになった。

何故、カウボーイなのか？

さて、オーストラリアの牧場が唐突に登場してきて驚かれるかもしれない。が、これは本書の最初に触れたように、若い日からの私の夢だった。結婚のとき、妻に「将来は牧場を経営して海外に住む。それでいいか」と宣言していたということだ。だから、実際オーストラリアの牧場での生活が始まることになったとき、「よくついていく気になりましたね」という知人に妻はこう答えている。「何十年も前から言われていて、その後、繰り返し言われていたのに、いざとなって、嫌とはとても言えないでしょう」と。

そう、確かに牧場の経営、そして、カウボーイとして生きることは私の夢だった。若いころの計画では五十代に入ったらハングリータイガーの経営から離れ、牧場生活を送る、ということになっていた。そのため、五十代に入る前から国内で牛の飼育に挑戦してみたり、オーストラリア・ケアンズの近くで観光牧場を買ってみたりと、ちょろちょろ〝練習〟

したりしていた。

結局どれも失敗だったのだが……。だが、これらの計画は無駄だったとは思っていない。何故なら、それによって、牧場の経営はそう簡単なことではないということ、また、海外で牧場を持つなら、自ら、そこに住むつもりでないとうまくいかないということがわかったからだ。その国の人間に代理人や監督を任せても、まず、うまくいかない、ということが身に染みていた。自分自身か、あるいは、自分の腹心の部下に託して牧場業務の管理をしなければならない、ということがわかったのだ。

だが、五十代に入る前から売り上げが順調なほどには会社は安定してはいなかった。五十代に入るとバブル経済の崩壊があったこともあり、社長が会社を離れていいほど経営は安定していなかった。牧場管理に邁進《まいしん》するほど余裕はなかった。

「人生計画ではもう、とっくに牧場生活に入っているのだけどなぁ……」と、時々ぼやくだけになっていた。計画を捨てたつもりはなかったし、忘れているわけでもなかったが、いつか、なんだか遠い話になっていた。

――わが社の受難――
〝牛の飼育〟問題こそが最大の元凶？

だが、二〇〇〇年のO-157事故、二〇〇一年のBSE騒動で会社存亡の危機に直面し、その対応に必死になっているさなか、ふと脳裏をよぎり始めた考えがあった。

「このままハングリータイガーはつぶれるかもしれないが、この問題の根幹は〝牛の飼育〟の問題じゃないのか」という思いだった。

人類は何万年もの間、あらゆる分野で限りなく進歩を遂げてきた。だが、限りなく進歩を続けていくなかで、その進歩の歪《ゆが》みも現れてくるのは残念ながら当然かもしれない。進歩、即、価値、進歩、即、善といえないことも多々あるだろう。

〝牛の飼育〟についていえば、間違いなくそうだろうと思う。

本来、自然放牧のなかで、草を食べて生きてきた牛が、「よりおいしいものを食べたい」とか、「もっと早く増量させて利益を得たい」という人間の欲望によって飼育方法が変化してくる。人間の側からいえば、進歩である。そうして、草だけを食べていた牛は穀物肥《こくもつひ》

―わが社の受難―〝牛の飼育〟問題こそが最大の元凶？

育《いく》されるようになり、より柔らかい、おいしい肉に育ってくる。本来四つの胃を持っていた牛は餌を四つの胃を循環させて消化してきたのだが、柔らかい餌だけを与えられ続けた結果、四つの胃を循環させる必要がなくなってくる。その結果、本来持っていた悪い菌を殺すような作用もなくなってくる。

ＢＳＥの原因はタンパク質の一種であるプリオンが変化した異常プリオンであるといわれている。ＢＳＥ感染牛の脳や内臓を餌として与えると発症するといわれるが、国内発症の原因は牛の肉骨粉《にくこっぷん》を混ぜた飼料だったと特定されている。自然放牧の、草だけ食べて育つ牛とは正反対の飼育方法といってもいいだろう。

自分たちが受けた耐え難い苦痛の原因が結局本来あるべき飼育からは遠い現在の牛飼育の方法にあるのだとしたら……若いときからの夢だった牧場経営のあるべき姿が脳裏に浮かんでくるようになっていた。

こうして、二〇〇二年一月三十一日をもって、ハングリータイガーは最盛時の10分の１の規模、３店舗に縮小した。

たった3人の店長、本部にもわずか数人の社員しかいない小さな組織になった。混乱も予想していたが、昨日まで情報処理を担当していた若者が、突然仕入れも担当することになり奮闘《ふんとう》していた。誰もが本来の役割を超えていろいろな役をこなしてくれて、思ったより順調に仕事ははかどっているようだった。営業店の社員は想像を超える来客数に毎日過度の残業に追われていた。これから新規に人を採用し、すべてが、また、ここから始まるのだと思われた。倒産でなかった分、借り入れはかなり残っていた。だから「やっていけるのだろうか」という不安もあったのは真実だが、縮小後すぐに「お客さまを信じよう」と思ってよかったと思える状況が続いていった。

現実に3店舗の営業が始まるにつれ、次第に「これなら何とかやっていける」という気持ちが強くなり、不安や心配は薄れてきた。

そういうなかで、私のなかに膨《ふく》らんできたのは、ここまで我々（ハングリータイガーだけでなく、多くの牛肉に関わる業界全体が傷《いた》んだ）を苦しめることになった元凶こそ問題だ、という思いだった。その元凶こそ必要以上の価値を追求する現在の牛の飼育方法であることは間違いない。

―わが社の受難―〝牛の飼育〟問題こそが最大の元凶？

現在の、その飼育方法は、本来の「牛」という生物のあり方とは大いに違っているとしか思えない。牛たちにとってもそれは決して幸せな「生き方」とは思えなくなってきていた。資本主義の世の中では利益の追求は限りなく善であり、〝進歩〟に違いないのだろう。

だが、広い草原に放牧されて育っていた牛たちにしてみれば、牛舎に入れられ、機械でコントロールされて時間ごとに栄養豊富な餌を供給される穀物肥育は果たして幸せか。和牛の育てられ方にも、私はいささか納得できないものがある。よりおいしいものを追求する人間の限りない欲望が生み出している産物としか思えない。よい餌やマッサージを受けるなど大事にはされるが、あの牛たちはほぼ一生を狭い範囲に固定されて生きるのだ。

もちろん、考え方はそれぞれで、また、よりよい利益を生むことは資本主義社会の経営では絶対の条件ともいえる。そういう方法によって牛を飼育して生計を立てている人々を誹謗《ひぼう》する気はまったくない。だが、牛の肉骨粉を餌に混ぜるなどの過剰な増量策が、結果としてBSE牛を生んだことを見れば、どうしたって行き過ぎは改めなければならないのではないか。

近年、「アニマル・ウエルフェア」の思想が国際的に広まってきている。「アニマル・ウエルフェア」というのは感受性を持つ生き物としての家畜の誕生から死ぬまでの間、できるだけストレスを少なくし、健康的な生活ができるような飼育方法を目指す畜産のあり方のことだ。欧州発の考え方。つまり、牛にストレスを与えない飼育方法が推奨されてきているのだ。その究極は広い牧場での放牧だろう。二〇二〇年の東京オリンピックでは、わが国の現状のままの飼育方法では国産の牛肉は選手村では出せない、というようなことも言われているらしい。

私は自分の考え方を強弁しようとは思わないし、自分の考え方だけが正しいとも思っていない。だが、過剰な利益重視の飼育方法によって、多くの牛肉関連の会社が苦しみ、倒産も多くあり、わが社もまさに倒産寸前まで追いつめられるという危機にあった。従業員全員が塗炭《とたん》の苦しみにあったこと、また、その結果、長い間共に働いてきた仲間の多くが会社を去らねばならなかったことを考えるとき、私の心のなかに言いようのない何か、怒りとは違う、憤然《ふんぜん》とした思いが湧き上がってくるようになっていた。そして、その憤然とした思いはやがて私のなかにある考えを結実させた。

「私のハングリータイガーが、間違った牛の飼育方法によって塗炭の苦しみにあったのだとしたら、自分の力で100％安全と言える牛を育てたい」

若いころからの牧場経営をしたい、カウボーイになりたい、という夢が、単なる夢でなく、自分の人生計画であったことを強く思い出し始めていた。

自らの手で安全な牛肉をハングリータイガーのテーブルに

事故後は輸入する肉をオーストラリア産に変更していた。O-157事故の原因になったアメリカ産牛肉にはどうしても嫌気がして、世界一検疫《けんえき》に厳しいというオーストラリアを選んだのだ。オーストラリアのいろいろな会社から資料を取り寄せ検討した後、何社かに絞り、一人で現場の牧場や工場を視察して回った。そして新たな輸入先を決定した。オーストラリアからの肉の供給の目安が付き、安定して入ってくるのを確認できてから、今度はひそかにオーストラリアの各地の牧場を巡るようになった。牧場を売るという情報をもとに現地へ出向いて見て回った。

「どこがいいだろう。どこが自分の考えにあうところだろう？　当面自分と妻の2人で管理できる規模はどのくらいの牧場だろう？」

という思いである。

ケアンズ近くの観光牧場を買ったときは現地の管理人任せだったが、今度は自分自身が牧場主として現場に立ち、牛の飼育に当たろうと心を決めていた。そうしなければ、自分が思うような安心のできる牛を育てることはできないだろう。そう思っていた。

一から自分で育てた牧草を与え、広い牧場に放牧して、のびのびと安全な飼育をしよう。牛は人に食べられることで、その生を終わる。そのほか豚にしても鶏にしても魚にしても、さらに言えば野菜や果物に至るまで、すべての食材として人の命を支えてくれるものたちを私は単なる食材とは考えられない。

「それだからこそ、ハングリータイガーの従業員はその肉をおいしく調理する責任がある」ということをよく従業員には話していた。我々の命のために〝命〟をささげてくれるものたち、その肉を粗末に扱ったり、まずい料理にしてしまっては申し訳ない。最後の一切れまで「おいしい」と言って食べてもらうことで初めて命をささげてくれたものたちは、その命を全うするのだろうと思うからだ。

毎年行われる社内の「チャコール・コンテスト」はまさにそうした考えを具現化しようと考えた一環だ。炭火で肉を焼く技術の向上のために社員、パート・アルバイト全員がコンテストに参加し、一年間を通して最終参加者に絞っていく。最終勝ち残り数名がコンテストに出場して肉をおいしく調理する技術を競う。牧場で牛を飼育することは、そのさらに前の段階である。

人に食べられて、その短い生を終わる牛だからこそ、せめてその生命の間、のびのびと幸せに生きてほしい、というのが私の願いなのだ。多分、多くの牧場経営者からは、そんな考えは子供じみたセンチメンタリズムに過ぎないと批判を受けるかもしれない。たしかに、そうかもしれないと自分でも思う。だが、そうとしか私には考えられないのだ。

「アニマル・ウエルフェア」という思想は、私が牧場経営に乗り出したころにはまだ盛んではなかったように思う。少なくとも私自身は知らなかった。牛にストレスを与えず、のびのびと育てるということのようだが、私がそのころ考えていた飼育方法はまさにそういうことだった。

草を育てることから始めて、その牧草で牛を育てる。与える餌も塩もすべてを自分が管理し安心できる状態の飼育。そこから生まれる本当のトレサビリティのわかる安全な牛肉をハングリータイガーのテーブルにのせたい――それが私の究極の願いだった。

「トレサビリティ」というのは、食品の安全性を確保するために、栽培、飼育から加工、製造、流通など、消費者にその製品が届くまでの過程を明確に示すことや、その仕組みのことである。

O-157やBSE、結局、「牛肉」の問題で傷んだハングリータイガーのために、私は究極の安全な、おいしい牛肉を自分でつくり出したかった。

二〇〇三年 ジブラルタル牧場開業
ついに、カウボーイとなる

縮小後、初の出店となった日野店オープンを済ませて、二〇〇三年、かねてより選定してあったオーストラリア・ニューサウスウェールズ州、ブリスベンから車で5、6時間、内

2003年、ジブラルタル牧場開業 ついに、カウボーイとなる

陸に入ったテンターフィールドという街に牧場を開業した。牧場を最初に開拓したのは英国人の入植者で、多分、英国領ジブラルタルからの入植だったのではないか。牧場は「ジブラルタル牧場」と名付けられていた。牛たちを広々とした土地に放牧し、そこに生えている自然の草を食んで大きくなった、100％トレサビリティをたどれる安全な牛肉をハングリータイガーのテーブルにのせたいという一心が私を突き動かしていた。無謀とも思える牧場経営に妻を巻き込んで飛び込んだのである。

準備も修業もすっ飛ばして、思い立ったらすぐに飛び込んでしまう、という私の悪い癖はここでも止められなかった。なんとかできる、と思っているのだ。だが実際、私も妻も牧場での経験は観光牧場で馬に乗ったりする程度、現実の生活は知らない。それどころか農業の経験はゼロ。妻は横浜の家では花の栽培をしていたが、それは現実の牧場に必要な農業の経験とはとても言えなかった。だが、私はハングリータイガーのための安全な牛を育てるカウボーイを目指し牧場を買ってしまったのだ。

牧場の生活が始まった。

前の牧場主が放置していった牧場。まず、しなければならなかったのは自分たちの住居の準備だ。自分たちが住むことになっている古い家の修理が大変だった。牧場主が住んでいた古い家なのでクラシックな雰囲気はあるが、雨漏りはするし、ペンキは剥げているし、あちこち壊れているし、だいぶ手を入れなくてはとても住める状態ではなかった。まだ十分手入れができていないころ、日本フードサービス協会の当時の会長、リンガーハットの米濵和英《よねはまかずひで》さんがオーストラリア農務省の方々を連れて来られたことがある。オーストラリア農務省の役人たちは「日本人が、こんなに本気でこの国で牧場経営に取り組むなんて初めて見た」と驚いていたそうだ。米濵さんはあとで、「井上さんがあんな雨漏りがするような古い家に住んで、牧場を経営しようとしているのに驚いた」と言っていたそうだが、確かに、そのころはまだ家は雨漏りがひどく、ネズミが出入りするような穴があったり、あちこち壊れていて、とても安心して人が住めるような状態ではなかった。

その修理をし、家具を整え、ペンキを塗り、いまではなんとか人間の住まいらしくなってきている。古い家をその状態まで調えるについては妻の獅子奮迅《ししふんじん》の働きがあった。

突然「さあ、オーストラリアだ、いよいよ牧場だ」と宣言され、しぶしぶついてきたたに違いない妻が、牧場では思いもかけないくらい奮闘している姿に私のほうが感動したくらいだ。

彼女は牧場の牧草以外に、家の周りにちょっとした畑をつくり、自分たちの食べる野菜の栽培も始めていた。なにしろジブラルタル牧場からスーパーマーケットのある街へは40キロもあるのだから、多少は自給自足しなければ日々の生活が成り立たないのだ。

それでも家の修理は自分たちの感覚でつかめる範囲だ。どこをどうやって直すか、何をすればいいのかがわかる。だが、牧場となると話は別だ。

とにかく広い。日本の感覚ではつかみきれない広さだ。牧場全体では360万坪。自分でもまだ牧場全部の縁《ふち》を見てはいない。現実に、そこで自分たちが何をしたらいいのかを考えると呆然とする広さなのだ。

まず、目の前の見えるところから始めるほかなかった。たとえば壊れている柵の修理、補修をする。でもそれは全体から見たら、象の体に取り付いたアリ一匹の大きさくらいのことにちがいないのだが……仕方がない。できることといったら、まずそんなことぐらいだったのだ。

そういうわけで牧場の管理は自分ではとてもできない。最初から管理人を雇うことにしていた。以前の観光牧場の経験から、管理人や牧童《ぼくどう》たちは牧場主の目がないと怠け放題、いい加減な仕事しかしない。相当いいようにされてしまう。今回は自分が住み着いて彼らを管理しようと思っていたのだが、いかんせん（というより当然かも知れないのだが）、こちらが牧場の仕事を何も知らないのだからやはり十分な管理などできない。現実の、現場の仕事を何ひとつ知らないでは管理もへったくれもないのだ。

当然のごとく、管理人たちは私の思うような働きはしていなかった。それはわかった。それでも歯がゆいことだが、彼、あるいは彼らの働きに頼るしかないのだ。我慢しながら何人かの管理人と付き合うことになった。我慢できずに辞めさせ、また、新たな管理人を雇うのだが、どの一人も、誠実と思う働きをしたものはいなかったし、必要だという備品や機械類の購入の費用もかなり高額な請求だった。

「金がむしられているな」とは感じたが、残念ながら、牧場の仕事を全く知らない私では現状の牧場を維持していくことはできないのだ。妻と二人、悔しい思いをずいぶんとした。

360万坪の広大なジブラルタル牧場で牛を飼う。次男の正士も家族とともに移り住み、ハングリータイガーのテーブルにビーフを届ける態勢が整った。

それでも、数年するうちに自分たちでもできることがずいぶんは増えてきた。春先に牧草を植えるとか、その牧草を刈り取って、干し草をつくるといったようなことはできるようになっていった。生まれた子牛たちの耳に牧場の印のチップを付けたり、お産の手伝いやらなにやらかなりのことはできるようになった。また、牧場はいくつかの柵で囲われた区画に仕切られているが、その何万坪だかはある一つの区画に牛を追い込んで、そこの牧草を食べさせる。一区画に、40～50頭の牛を放牧する。そういう区画が6区画ぐらいある。一区画の草を食べ終えたら次の区画へ牛を追い込んでいくのだが、その作業は私の得意なところだ。昔のカウボーイは馬でいくのだろうが、現代のカウボーイである私はオートバイに乗って追い込んでいく。私も馬には乗れるし、馬を駆けさせることもできるが、落馬という危険を避けるためオートバイを使う。

また、それだけでなく、その区画を順繰りに食べていくことができるように牧草を植え、育てていくのだ。きちんと計画を立て、それに従って作業をしていく日々なのだ。

牛たちはそこの牧草を食べ、敷地を流れる川の水や、「ダム」と呼ばれる水飲み場で水を飲む。ダムというのは、地面に大きな穴を掘り、そこに雨水を貯めるのだが、その水を飲むのだ。そのダムも用意し、整備しておかなくてはならない。冬場には干し草になるため、牛たちの栄養が不足する。それを補うため、塩をなめさせるのだが、そのための塩の塊、40キログラムくらいの塊を用意しておかなければならない。

カウボーイを夢見ていたころには、草が勝手に生えて、牛が勝手にそれを食べて、それだけで育つ……だから畜産国として成り立つのだと考えていた。

たしかに、このジブラルタル牧場でも３６０万坪の土地の95％の土地は草が勝手に生えるように放置してある。だが、残りの5%は土地を耕して、牧草を植えなくてはならない。それを刈り取って干し、干し草をつくる。草が枯れてしまう冬の餌にするためだ。人の手が、労働が必要なのだ。

360万坪の5%、18万坪は自分たちで牧草を育てなければならないのだ。つまり、農業を全く経験したことのない我々夫婦が18万坪を耕し、牧草を植え、刈り取り、それを干して、冬に備えるため、倉庫に保存する。そのためにトラクターや大型の耕運機を動かす。

たったこれだけのことを取ってみても、カウボーイを夢見ていたころには考えられなかった現実がある。頭で考えていた牧畜というものの現実に初めて出会うことになったのだ。思いだけが先行して、夢だけを追いかけていた私の「牧畜」は遊びのようなものにしか見えなくなっていた。

牧場で社員研修をする理由

そういう悩みがあったけれど、牧場の仕事を一つずつ覚えていく楽しさもあり、それをハングリータイガーのみんなにも経験させたかった。牧場を始めたときからの夢の一つであった「社員研修」を始めることになった。毎年1回の研修を行うことにした。

二〇〇八年、第一回の「ジブラルタル牧場研修」が行われた。

牧場では年間を通して、様々な作業の日程がある。

春先、生まれた子牛の耳に切り込みを入れて牧場の印にしたり、耳にイヤタグを付けたり、子牛が生まれたり、お産で母牛が亡くなったりすることもあり、迷子になる子牛がいたりと気の休まる暇もないくらい忙しくなる。放牧していると、勝手に隣の牧場に迷い込む牛たちがいて、それは隣の牧場の牛も同様で、こっちの牧場で草を食《は》み、塩をなめ、水を飲んでいる。そのため、年に1回、隣の牧場主といっしょに互いの牛を交換する。そのために牧場の印が必要なのだ。

牧場で社員研修をする理由

こうした牧場の様々な年間作業の時期をハングリータイガーの若手の社員たちの研修にあてることにしたのだ。

実際に牛を育てる業務に携わることで、牛たちが生命ある存在であることを実感してもらえたら、と思ってのことだ。先にも述べたように、その命をいただいている以上、自分たちの扱うものが単に「食材」なのではなく、「命」なのだということを感じてもらいたいという私の考え、すなわち「ハングリータイガー」の考え方を実感してもらいたいのだ。命をいただくのだからこそ、粗末に扱ってはいけない。大事に調理し、おいしい商品に仕上げ、お客さまに〝おいしい〟と思っていただけることが、大切な命をささげてくれた牛たちの命を全うさせることになるのだと、若い社員たちに感じてもらいたいのだ。

ハングリータイガーの調理の基本は炭炉《すみろ》（チャコール・ブロイラー）で肉を焼くことだ。石やレンガで築いた炉、チャコール・ブロイラーに炭火をおこし、その火力で調理する。炭火の火力、炉の位置による温度差の使い方で、肉をどれだけおいしく焼けるかが、社員としての重要な評価点になるのだ。

入社したばかりの若い社員が牛をキャトルヤードに集めたり、牧草を刈ったり、キャトルヤードの牛糞《ぎゅうふん》の積もったところに長靴いっぱい踏みこんで、糞を掻《か》き出す作業をする。キャトルヤードというのは、子牛の耳にチップを付けたり、去勢をするために牛たちを一時的に集めておく囲いのことである。いやでも彼らは牛に触れ、牛の目を覗き、息遣いを感じる。彼らは知らず知らずのうちに、牛の命を感じているのだ。

そうして感動している彼らを見るのが私の楽しみの一つでもある。二〇一八年の春、テレビ東京の番組、『カンブリア宮殿』の取材チームがジブラルタル牧場にきたことがある。そのとき、行われていた社員研修を取材するためである。

「牛の耳にチップを付けたのですが、こうして牛に触れていると、牛も命なんだなって感じます。やっぱり、大事に考えなければだめだなって、チャコールの技術、もっとうまくなって、おいしく仕上げなければだめなんだなって、そう思いました」

まだ、まだだと思っていた若い社員がそうインタビューに答えているのを聞いて、やはり、若い社員たちは私の思いを素直に受け止めてくれているのだと嬉しかった。

そして、驚いたことに、牛の糞など楽しいものではないだろうに、年々のこの研修に参加した社員たちみんなが「とても楽しかった」と言っていると聞いた。牧場の経験が若い彼らの成長に、少しでも役立っているとしたら、私の経験も修業もなしのぶっつけ本番、牧場経営にも何らかの意味があったと思える。

こうなったら背水の陣しかない

だが、牧場の生活はこんな楽しいことばかりではない。日々の牧場管理はすべてが大変な労働だといっていい。

直したと思ったばかりの柵は飛び込んでくるカンガルーによって壊されるのはしょっちゅうだし、牛たちがぶつかって壊すこともある。牧場内を流れる小川は激しい降雨が続くと洪水となってあふれ、積み重ねておいた牧草の束まで流してしまう。水が引いて何とか外へ出てみたら、大木のてっぺんの枝に牧草の束が引っかかっていた、ということもあった。

恐ろしい危険な蛇が現れることもあるし、日本の穏やかな自然の中で暮らしていたらわからないくらい、自然の猛威《もうい》に身を晒《さら》して生きているという感じがする。自分たちの努力が一瞬で無になるようなことがここでは当たり前なのだ。しょっちゅう想定外のでき事があり驚かされる。だが、そうしたことも私はどちらかというと好きなのだ。

牧場の生活は好きだったし、楽しいこともいっぱいあったが、結局問題になるのは人間の関係だった。管理人との関係は何年たっても、人が変わっても一向に変わらなかった。絶えざる不満で、いつも気持ちがささくれだっていた。

特別立派な人格を求めていたわけではない。こっちだって格別の人格ではないのだ。ただ、正直に、誠実に仕事にあたってもらいたいだけだったが、それは何人か変わっても、求めることはできなかった。

その上、自分たち夫婦も年をとってきた。

ハングリータイガーの社長をしながら、片手間に、管理人を雇って牧場を経営する、というようなことは、それこそ〝夢〟に過ぎなかったのだ。そう思うしかないのか。

「このままでは会社も牧場も両方がダメになる。なんとかしなければ……」

夫婦で話し合い、思い切って管理人に頼ることを止める事にした。背水《はいすい》の陣《じん》である。

牧場の仕事もいくらかは覚えてきたし、近隣の牧場主たちとも親しくなった。ご近所と

こうなったら背水の陣しかない

仲良くする、ということが大事なのではなく、こういう場所では迷い込んだ隣の牧場の牛を交換するというように、互いに助け合う関係が大事なのだ。彼らにはたくさんのことを教えてもらったし、助けてももらった。

だが、それだけでは牧場を管理・維持することはできない。

牧場全体を管理し、牛たちを育てていくことは大変な労働なのだ。すでに老境《ろうきょう》にいる夫婦二人ではこの先の労働に自信がもてない。

なんとか、若い力を……思ってはみても、そう簡単に若い人材、それも映画館も飲食店も何もない、この牧場の生活を受け入れてくれ、ジブラルタル牧場の目的を理解してくれる人など得られるわけがなかった。ジブラルタル牧場は、ハングリータイガーのテーブルにのせるにふさわしい、おいしく、安全な牛肉をつくらねばならない牧場だった。

そうして白羽の矢を立てた、というか、最後の望みを託したのが次男の正士《まさし》だった。十代の頃から何だか宙に迷っているような迷走を続けていて、まだ将来の目標も定まっているようには見えなかった正士に、牧場の仕事の後を継いでもらおうと考えたのだ。

二〇一〇年　牧場の後継者登場

俺、こんなところに住めないよ

「俺、こんなところには住めないよ」

二〇一〇年、初めて次男の正士をジブラルタル牧場へ連れてきた。小高い山のようになっているところから牧場を見渡せる場所に立ったとき、まず正士が言い放った言葉はこうであった。

そうだろう。見渡す限り、牧草が茂った広大な土地が広がっているだけだから、日本の都会でしか生活したことのない人間なら誰だってそう思うだろう。飲食店はおろか、建物の影も見えないのだ。

だが、こっちも必死である。牧場の現状を話し、「きっと近隣の笑いものになっているに違いない」と訴えた。彼の、「親父を笑いものなんかにしたくない」という〝義侠心《ぎきょうしん》〟だけが頼みの綱だったのだ。

やっと、「とにかく半年だけここに住んでみて、牧場の仕事がどうなのか経験してみる」

というところへこぎつけた。

そうして半年。

オーストラリアへ来てからの正士には思いがけないくらいの応援団が付いた。

ハングリータイガーではその数年前からすぐ近くにあるワイナリー・デュマレスクからワインを仕入れていたのだが、そのワイナリーのオーナー、ピーター・ザッパーさんが正士にいろいろなアドバイスをしてくれるようになった。機械の動かし方、作物の育て方から牛の管理まで、牧場管理の様々を手ほどきしてくれるようになったのだ。ジブラルタル牧場に管理人がいる間は、彼らの邪魔をしないようにしていたのだろう。管理人がいなくなり、若い正士がひとりで奮闘《ふんとう》している姿を見て肩入れしてくれるようになったのだと思う。

親身になって相談に乗ってくれる味方を得て、正士は思いがけないくらいのスピードで、牧場の仕事を覚え、近隣の人たちに溶け込んだ。そのうえ、まさに「若いってすごい」と思わせる労働力だった。彼のうちに眠っていて働き場所を得ずにくすぶっていたエネルギーの発揮場所を見つけたかのように、牧場の年間の計画を立て、必要な資材を準備し、広い牧場を、縦横無尽《じゅうおうむじん》にトラクターで走り回り、耕運機《こううんき》を動かして働いた。

約束の半年がたったとき、正士は牧場の仕事を本格的に手伝う、と言ってくれた。

この半年、ザッパーさんを始め、親しくなった近隣の人たちから管理人たちに関するいろいろな情報を得ていたということだった。みんなが、経験のない私が管理人たちから金をむしられているということを気の毒がってはいたが、管理人がいる手前、表立って言えなかった、ということを知った。もし、自分が「嫌だ」と言ったら、また、その管理人たちに任せなければならなくなる。金だけが目当てで、ジブラルタル牧場やハングリータイガーに対する愛情も何もない管理人たち任せではとてもいい牧場をつくることはできない。

「この牧場で育てた牛肉をハングリータイガーのテーブルにのせたい、という親父の夢はつぶされてしまう」

大好きなハングリータイガーのために、親父の夢のために自分が頑張ってみるよ、正士はそう言ってくれたのだ。

そうして、二〇一一年、正士は家族とともにジブラルタルに移住した。子供たちがいることで、正士のオーストラリアでの生活は順調になっていることは確かだ。子供の学校の父兄たちとも親しくなりやすかった。学生時代、ラグビーの選手だった経験を活かし、現在は子供たちのラグビーチームのコーチを引き受けている。

ジブラルタル牧場や、「ハングリータイガーのテーブルに自分の育てた牛肉をのせたい」という私の夢が空中分解せずに、なんとかオーストラリアの市場に牛を出荷できるような牧場にまで成長させることができたのは家族でジブラルタルに移住して牧場経営に取り組んでくれた正士のおかげなのである。現在では結構近隣でも評価される牧場になっている。

二代目社長、牧場経営の黒字化に奮闘する

牧場経営で利益を得ることはかなり困難なことだといわれているが、実際牧場を経営してみてその通りだと思う。

すばらしい仕事、楽しい仕事は、その「すばらしい」「楽しい」ということがすでに報酬の一部なので、実際の儲けはそれほど多くはないのだと思うことにしている。

牧場の経営は楽しいし、すばらしいが、いろいろな意味で困難なことでもある。


そうはいっても、「いつまでも赤字というわけにはいかない」とハングリータイガーの二代目社長は言うのだ。だが「親父、なんとかしろよ」とは言わない。言っても、言うことを聞かない親父だと思っているからだ。

自分が育てた、完全なトレサビリティをたどることのできる安全な牛肉をなんとしてもハングリータイガーのテーブルにのせたいという父親の悲願。そのために何年もの間、厳しい環境に耐えて頑張ってきた親父の姿を見ているだけに、息子としてはなんとかしなければ、とは思ったらしい。

息子としては父親の悲願を果たさせたいものの、社長としては、そのため会社が赤字になるのは絶対避けなくてはならない、と考えてもいたようだ。

「親父のお道楽のために会社を赤字にはできないよ」

ちなみに、ジブラルタル牧場はハングリータイガーの経営ではなく、井上個人のものだったのだ。

私が、ジブラルタル牧場の牛肉をハングリータイガーのお客さまにも提供してほしい、という希望を伝えるたびに社長の元文はそう言うのだった。そうは言っても、さすがに、なんとかしなければとは思っていたらしい。

現状の把握、オーストラリアの市場についての情報、日本へ入れるについてどうするのか、ハングリータイガーで使わない部位はどうするのか、自分たちでハンバーグのパティはつくれるのか……等々、細部にわたって考えたようだ。その結果、自分たちで直接ジブラルタル牧場の牛を買い付け、ハングリータイガーで使わない部位は加工して販売するなどすれば、なんとかなるかも知れない。

少なくとも、オーストラリアの市場で二束三文に売ってしまうよりは牧場の取り分は多くなるだろう。そんなことや、面倒な手続きのことなどを、ハングリータイガーの社長である長男と、牧場の責任者である次男はインターネット電話を使って何度も打ち合わせをしたようである。

そして、社長が出した結論が「工場をつくる」だった。

二〇一七年
製造子会社「HTwells《エイチティーウェルズ》」稼働開始

長男は社長に就任する前からセントラルキッチン（チェーン店などの商品を一括して集中的に製造する施設）として工場の構想を持っていたようだ。二〇〇四年には大手企業の製造工場経験者を採用し、彼と本部の業務部長の二人を各地の工場見学に行かせていた。取引先の紹介を得て、かなり重要な工場にも入らせてもらっていたようだ。社内的には「工場」でなく、「研究棟」として、その立ち上げ準備委員会が発足し、毎週のように打ち合わせを行っていた。どんな工場をつくりたいのかを彼らと話し合いながら、どんな製品が考えられるか、といったことを検討する会議である。必要な機械、器具、道具、スペースの配分等々、彼らは検討を重ねてきた。

一方で、社長自身は牛肉やハンバーグのパティをつくるノウハウのある会社ともしきり

2017年 製造子会社「HT wells」稼働開始

に打ち合わせを進めていた。社長が構想している工場で製造する商品の基本はハングリータイガーへ納入するハンバーグのパティである。そのほか、他社へ製造を依頼している製品のうち何が自社製造できるかを選択し、また、肉を基本材料として考えられるあらゆる商品も企画にのせて検討してきたようだ。

そして、彼は工場をハングリータイガーの施設でなく、新しい会社として立ち上げることにしたのである。子会社である。

「ジブラルタル牧場から買い入れる牛のためだけの工場ではなく、もっと広範な活動ができる工場にするにはハングリータイガーに束縛《そくばく》されない組織にしたほうがよい」と思ったようだ。

そういう考えから始まった工場は、かなり前に私自身がつくったカミサリー（ある種のセントラルキッチンをこう呼んだりもする）よりはるかに本格的な施設になった。工場建設の資金は相当額に上った。古参の社員のなかには、まだ先の見えない工場の運営に対して借入額がかなりの額に上ることを懸念するものもいた。しかし、社長の元文に「黒字化にはそう時間はかからない」という細かい計画を示され、納得したようだ。

実際、彼の計画はかなり正確に動いている。

二〇一七年三月、新会社「ＨＴｗｅｌｌｓ」の研究棟（工場）の地鎮祭が執り行われ、建設工事が始まった。同年十月末、建物は完成し、十一月初めから機械等、設備備品が運び込まれた。ハングリータイガーへ納入するハンバーグのパティの生産が始まったのは同十一月末。二〇一八年七月末にはハングリータイガー全店へ納入を達成している。

パティの他の、多量に使用する製品もパティに先駆けて自社生産していて、それの全店納入もすでに完了している。生産能力は相当のもので、しかも、その能力を日々上げていっている。

社長である元文の計画に基づいて、現場を統御し、機能させていく工場のリーダーによい人材を得ているのがよくわかる進行状況だ。

今後、新会社「ＨＴｗｅｌｌｓ」の売り上げはハングリータイガー向けだけでなく、どれだけ新しい製品がつくられ、どれだけ外販されるかによって面白いものになってくるのかもしれない。が、それはこれからのことだ。ただ、少なくとも社長の言うように新会社の「黒字化は間もなく」なのは確かなようだ。

二〇一八年四月
ついにジブラルタル牧場のビーフ、ハングリータイガーのテーブルへ

会社を赤字に転落させることにもなりかねない、と文句を言われてきた牧場の経営だった。たしかに、価値の定まっていない牛肉をハングリータイガーのテーブルにのせなければいけない、という難問を与えてきてしまったとは思っている。

だが、二〇一八年三月、社長の元文はついにジブラルタル牧場産の牛60頭を直接仕入れることを決定してくれた。20頭ずつ3回に分けて入れるのである。

「一頭買《とうが》い」といっても、牛が丸々運ばれてくるわけではない。オーストラリアで解体され、内臓を除いた部位が輸入されるのだ。

そして、四月末、保土ヶ谷店を始めとする数店舗のみだったが「ジブラルタル牧場のステーキ」が販売されることになった。数量限定。本当に実験的な販売としか言いようがないが、それでもこの何年もの間、自ら汗を流し、苦闘して育ててきた正真正銘、トレサビリティ100%の牛肉を、とにもかくにも「ハングリータイガー」のテーブルにのせるこ

とができたのだ。

「やっと……」という思いが深かった。

ただ、お客さまにとっては「トレサビリティ100％」の安全な牛肉は、当然ながら私が感じているような深い意味合いや味わいはないようで、いつものステーキとさほど変わらない印象のようだったらしい。少し残念ではあった。だが、言い換えれば、いつものステーキと同じように〝おいしく〟食べていただけた、ということであり、それは望外の喜びだった。

とりあえず、牧場を始めずにはいられなかった「ハングリータイガーの受難」をこれで本当に乗り越えた、という実感が私にはあった。

「これでよし」

今後、ジブラルタルの牛をどう使っていくのか、どう製品化していくのか、どのように取り組んでいくか、それはハングリータイガーの新世代が考えていくことになるのだろう。

しかし、このジブラルタル牧場の牛という難問があったがゆえに、二代目の社長はそれをクリアするため、新会社を設立し、新事業を立ち上げることができた、と考えたら、これはこれで価値ある挑戦だっただろうと私は思っている。

いずれにしても、思いや夢ばかりが先行してしまうため間違いも多い結果になる私の〝作品〟を引き継ぎ、形を整え、成熟させていこうとしているのが二人の息子だ、ということがじつにありがたい縁だと思う。彼らが私と同じように、また、社員と同じように〝ハングリータイガー愛〟を持ってくれていることは私の大きな喜びだ。現在二代目の社長は長男の元文が、次男の正士はハングリータイガーの専務取締役で、ジブラルタル支店長というところだ。

「牛肉を食べる」ということが、私の職業を貫いたテーマだったという気がいまはしている。単なる「食材」としての牛や牛肉でなく、「牛という命」と関わったのだという気もしている。

だいぶ以前に、『牛肉を食べる』というタイトルで本を出版したことがある。何気なく付けたタイトルだったが、そのあとの何十年、人生の危機にぶつかり、経営の難所にあがいて超えてきたあとに、「食べるための牛を育てている自分」に人生の不思議を感じてもいる。

留学時代にカナダのカルガリーの厳冬に見た、深い雪の中で夜中を、一冬中をじっと耐えている牛たちの姿に感動を覚えたあの日から今日まで、牛たちの生活はいつも私の魂を揺さぶり、何か思いを深め、感動を与えるものであるらしいのだ。

そして、全くいっこうに変わらない子供じみたセンチメンタリズムにまみれているのかもしれないが、現実の苦難や苦闘、会社存亡の危機を乗り越えてたどり着いたところは、やはり自分の職業は牛の命と向き合ってきたのだという思いである。そして、「牛肉を食べる」レストランを経営し、さらに、次に「牛を育てる」牧場を経営してきたいま、私の職業人生を貫いた〝こだわり〟はいささかの深まりにたどり着いている、というのは言い過ぎだろうか。

私にとっては、どちらもかけがえもなく深い意味合いを持っているのだ。

第二章　牛肉を食べる

命をつないだステーキ

私は一九四二年、神奈川県茅ヶ崎市に、二人兄弟の長男として生まれた。大学生になるころには父親の商売を継ぐ気にもなれず、もっと別の仕事を考えるようになっていた。

少年時代から憧れだったアメリカへ渡ったのは、一九六四年、私が二十二歳のときだった。

ロスアンゼルスでの学生生活の二年目にアルバイトを始めた。

それまでの一年間、ロスアンゼルスに住んでいたこと、また、学校の成績が一定レベル以上に達したため、移民局がアルバイトを認めてくれたのである。もっとも、週25時間という制限つきだったが……。

当時、まだ円は安く、1ドル＝360円という時代である。海外へ出かけるとき、日本から持ち出せる外貨にも制限があった。たしか､私が正規に持ち出せたのは360ドルだったと思う。第一、日本でドルを手に入れるのも大変だったのである。

当然、私も日本を出るとき、持ってきたのは闇ドルもいれ500ドルだけ。あとは、母親が横須賀まで出かけて怪しげなバーの裏手かなにかで、1ドル＝400円ぐらいの闇ドルを買って、ひそかに送金してくれるわずかなドルだけが頼りだった。

留学先のトレード・テクニカル・カレッジが始まるまでの間、三ヵ月間ホテル学校と英語の学校へ通っていた。宿は一週60ドルという一部屋の安宿である。この間がいろいろな意味で、一番貧しかったかもしれない。

九月になってカレッジが始まると、事情はだいぶ好転した。

ロスアンゼルス・トレード・テクニカル・カレッジという学校は、私の入学したレストラン経営学科のほか、シェフのトレーニング科とかヘアドレッサーの専門科とかもある、一種の専門学校で学生も1000人ぐらいいる大きなところだった。

教職員のためのキャフェテリアがあり、この担当が我々レストラン経営学科の授業の一環でもあった。このキャフェテリアのなかで、学生たちはレジを打ったり、実際の計数管理を手がけたり、また、シェフトレーニング科の学生たちは料理を担当したりする。いわば実戦の訓練場だ。

このキャフェテリアでは75セントでランチが好きなだけ食べられた。

「シュウ（私のこと）、食べていけよ」

夕方も、厨房でトレーニング中のクラスメートが声をかけてくれる。というわけで一気に食生活は充実してしまった。

それでも収入があるわけではなかった。

だから、二年目、成績がBプラス以上になって、授業科が免除され、奨学金が年500ドルもらえるようになったときは一気に、〝金持ち〟になったような気分だった。

学生の身分ながら、プール付きのアパートに住むことになった。後にも先にもプール付きの家に住んだのはこのときだけである。

そのうえ、移民局から「週25時間働いていい」と許可されたのである。

飛び上るほど嬉しかった。

それ以前、ハウスボーイの口を短気な性格のせいでフイにしていたので、なにかアルバイトをしたかったのである。

25時間を最大限、有効に使うために、少々労働はきつくても、時間給のいい仕事を選ぼうと思った。そして、見つけたのが、United Parcel Service 社のスタッカー（stacker）

という職である。

宅配便のような業務をしている会社と思えばいいが、その荷物を大型トレーラーにぴっちりと詰め込む作業である。

2階建ての大型トレーラーに、小は手帳ぐらいの小さな小包みから、大は1メートル四方ぐらいの大きいものまで、形も大きさもバラバラな荷物を、荷くずれしないよう、ぎちっと詰め込む。

荷物を詰め込むぐらい、「なあんだ」と言われそうだが、これがなかなか大変だ。ピッカー（picker）と呼ばれる人と二人一組で作業する。ベルトコンベアで運ばれてくる荷物からトレーラーの行き先にあわせた荷物を選びだし、次々とトレーラーに放り込むのがピッカーの役目。スタッカーである私は、それをジクソーパズルのような具合に整理していく。トレーラーは2階建てなので作業中はまっすぐに立つことができない。中腰でコマネズミのように小走りに走って作業を続けるのである。下段を詰めていると、ピッカーから「移動しろ」と声がかかる。2階も荷物がいっぱいになったのである。

ベルトコンベアの流れが早いから、ぐずぐずしていられない。上下、上下、とくるくると中腰でかけずりまわる。

「フー、給料がいいわけがよくわかった」

一日やってみただけで、最低賃金の2倍という高賃金の理由が納得できた。

午後6時から11時までの5時間を週5日間。仕事中の休憩は一日15分間だけである。トラックに積んで売りにくる、パンや飲みものを買って、ボーッと座っているだけの15分間だった。

この仕事を続けていた間の私の夕食は毎日ステーキだった。

仕事は6時からスタートするから学校から帰ったらすぐ出かけなければならない。食事のしたくに時間をかけられないのと、「体力」を維持しなければならないため「とにかくステーキだ」と考えたのである。

毎朝、学校へ行く前に冷凍庫からステーキを1枚取りだして、台所の流しの上に置いて出かける。

ステーキ用の肉は休みの日にスーパーマーケットで、一週間分7枚ずつをまとめ買いにして冷凍庫へ入れておく。1枚1パウンド（約450グラム）のTボーンステーキで、それこそ、流し台の上に置くときは「ドサッ」という音がする、ワラジ大のステーキである。カチカチに凍っていたステーキが夕方になると、ちょうどほどよい加減にやわらかくなっている。自然解凍である。

学校から戻ると、黙々とその肉を袋から取り出して塩、胡椒する。フライパンを熱してちょっと油をひき、ステーキを焼く。

フライパンは十分に熱くしておかないといけない。肉がくっついてしまうからだ。いまの私とはちがい、焼き加減をうるさく言ったりはしない。表面がよく焼けて、ジュワッと肉汁が浮いてきたらOKだ。

流しのシンクのなかから、皿を1枚つまみだしてステーキをのせる。

半分にカットしたレタスの玉と玉ネギを半分。これも塊のまま。レタスにドレッシングをかけ、玉ネギも塊のまま塩とドレッシングをつけてかじる。

肉を食べては、レタスをバリバリとかじり、また、肉をほおばる。合い間に、ガリガリと玉ネギをかじる。

肉を食べる。玉ネギをかじる。肉を食べ、レタスをかじる……。

味も雰囲気もあったものではない。ただ、〝食べるために食べる〟という食事だ。

毎朝、冷凍のステーキを1枚取り出し、夕方、それを焼いて食べる、という生活が3ヵ月続いた。毎日1パウンドのTボーンステーキを食べつづけた。

当時、最低賃金は1ドル50セントだった。私のついたスタッカーの仕事は時給2ドル75セント。きつい仕事の上に、なかなか頭のいる仕事なので高賃金なのである。

しかし、その分、前に言ったように労働もきついものだった。

仕事から帰ってくると、節々が痛くて、体は綿のようにぐたっとしてしまう。あとは「バタン」と寝てしまう、という日々。

いくら若いとはいえ、こういう生活を続けられたのは、450グラムのステーキと、レタスと玉ネギのおかげだったといまでも思っている。

牛肉は、人間のカラダをつくるのに必要なタンパク質を大量にふくんだ食品であることはよく知られている。人間のカラダは一時も休まず、全身のタンパク質の分解と合成を行っているが、食べものとして摂取されたタンパク質は、アミノ酸に分解されて、筋肉や血や

命をつないだステーキ

髪……といった、カラダをつくる。全身のタンパク質はこうした分解と合成のくり返しで約一年でそっくり入れ替わってしまうそうである。

肉が体にとって良質の食品であるのは大量にタンパク質をふくむからだが、それだけでなく、必須アミノ酸がバランスよく、そろっているからである。人間は何十種類ものアミノ酸を体内で一定の方法で組合わせて体タンパク質をつくりだすのだが、このアミノ酸のかなりの部分を自分自身の体内で合成することができる。けれど、どうしても体内で合成できないアミノ酸が9種類ある。これは他の生物を食べて補うしかないのである。

このアミノ酸は、必ず食べなければいけない、という意味で、必須アミノ酸と呼ばれるのである。

激しい労働で消費したカロリーを補い、カラダの再生と、新しいエネルギーをうみだすために、毎日食べつづけた1パウンドのTボーンステーキは大いに役立ったはずである。

とはいっても、当時の私はそんなことはまったくといっていいくらい、知らなかったし、関心もなかった。

ただ、肉を食べるとカラダにいい、ぐらいに思っていただけである。それより、毎日毎日食べつづけるので、なんとか、おいしくステーキを焼きたいといろいろ工夫していた。

そうして、フライパンでステーキをおいしく焼く方法を会得した（つもりである）。

まず、フライパンはできるかぎり厚いものであること。そのフライパンを、水をタラッと一滴落としたら、一瞬にジュワッととびちるくらい熱くして（そうしないと肉がくっつく）、そこへ牛の脂をまわす。

準備ができたら、塩、胡椒したステーキをのせ、その肉でフライパンを掃除するような要領で動かす。こうすると、熱が均等にまわるからだ。こんがり、よく焼けたころ、裏返す。火を中火に落として、火を通す。こうすると、必要以上の肉汁が流れでず、おいしいステーキがフライパンで焼ける。〝必要は発明の母〟というが、毎日食べつづけるために、いろいろ工夫した結果である。


しかし、それにしても、よく食べつづけたものである。

三ヵ月間、とにかく、同じ食事をつづけられたのは、それがステーキだったからだと思う。

これが、ビーフシチューやスキヤキのように、濃厚な味のついた料理だったら、こうはいかなかったろう。

肉そのもの。シンプルに塩、胡椒しただけの、ごく素材に近いものだったからこそ毎日でも食べられたのである。

シンプル・イズ・ベスト――料理に限らないだろうが、これはすべてにあてはまる法則だと信じている。

「ハングリータイガー」の商品構成はハンバーグとステーキでメニュー数は少ない。単品メニューの店に近いといっていいくらいだが、たったこれだけで二十五年間、お客さまがあきずに、くり返して食べてくださる理由もそこにあると思っている。基本的には、どのメニューも、シンプルな味と「肉を焼く」だけの料理である。

うちのように、炭火の焙り焼き《ブロイル》であろうと、フライパンでの炒め焼き《ソテイー》であろうと、ステーキはシンプルこのうえない料理だ。だからこそあきないし、多くの人に好まれる。しかし、シンプルすぎるせいか、料理の本にステーキがでていることはめったにない。

「塩、胡椒して肉を焼く」――これだけでは料理の本にはならないだろう。

実際には、たった一枚のステーキでもおいしく焼くのはむずかしい。シンプルなだけに言葉で説明しきれない、いくつものコツがある。

炭火の火力、時間、焼き色、焼いたあとの微妙な熟成《じゅくせい》のさせ方など、すべてが経験による目や鼻や指先の感触《かんしょく》にかかっている。これはシチューやローストとちがい、手順や時間で機械的に書きあらわせないものだろうと思う。

そのせいか、あるいは、日常的すぎるのか、いろいろな本のなかで、ステーキに関わる記述というのは意外に少ない。

私は、くいしん坊のせいか（職業上の義務感だと思っているが）、本のなかに旨そうな料理や食べものの記述がでてくるものが好きなのだが、これがステーキとなるときわめて少ないという気がする。

たとえば、ハードボイルドの作家、ロバート・B・パーカー。

彼の創りだした探偵スペンサーはグルメである。料理を愛し、食べることを愛している。

スペンサーシリーズのなかのどの一冊にも、さまざまな料理へのうんちくが傾けられている。

スペンサーがつくるギリシャ風フェタサラダやポークチョップだったり、恋人スーザン

命をつないだステーキ

のつくるライスピラフだったり、あるいは二人で食事に行くボストンのレストランの名物料理だったり……。いつも「今度ニューヨークへ行ったら、これを食べてやるぞ」とか、「これを食べにボストンへ行くぞ」とか、ワクワクして、喉をごくんとならす始末である。
ところが、そのスペンサーもステーキについてはほとんど語らない。

『炭火がよさそうだわ。ステーキをやってくれる?』
『ステーキを焼くのは男の仕事だ、とどこに書いてあるんだ?』
スーザンの目尻にしわがよって、顔がパッと明るくなった。『ステーキとマッシュルームの後はどのような性行為が期待できるか、という項目のすぐ前に』
『すぐとりかかるよ』」(『レイチェル・ウォレスを捜せ』早川書房　ロバート・B・パーカー／菊池光訳)

なんとも素っ気ない。
同じ本のなかで、スパゲティやソースのつくり方をあれこれと説明しているスペンサーにしては、あまりにステーキに冷たいではないか、と思わず憤慨《ふんがい》してしまう。

もっとも、スペンサーは、ステーキに関して、とんでもない間違いをおかしているので、あるいは、著者のロバート・B・パーカーはステーキについては無知だったのではないかと、私はひそかに、にらんでいる。

『銃撃の森』（早川書房）という一篇がある。そのなかでなんと、主人公はステーキを焼くのに、冷凍肉を凍ったまま、フライパンに放りこんで焼いているのである。


「『腹へったか?』」ニューマンがフッドにいった。

『へったな』

『冷凍庫にステーキが入っている。食べるか、ジャン?』

『食べたいわ。小さいのを、そうね、半分くらい』

『そう、太るのが大きな悩みだからな』ニューマンが一息で缶を半分飲んだ。

『それで、あなた方はなにをしてたの?』

ニューマンが凍ったままのステーキを三枚フライパンに入れてコンロにかけ、ガスの火を中にした。残りのビールを飲み干すと、木の樹液のように体に広がるのを感じた。彼がにこっと笑った。」

　これでは絶対に、満足できるステーキは焼けない。凍ったままの肉を熱いフライパンに放り込めば、表面が焦げても、芯は凍ったままでとても食べられた代物ではないだろう。とくに、アメリカのステーキという点から考えれば厚さがあるのだから、絶対にムリだ。少なくとも、〝ニューマン〟はその凍ったステーキを急いで解凍するために、ラップしたまま、流水解凍かなにかをしなくてはおかしい。ロバート・B・パーカーはステーキを知らない、と言いたくなるくだりである。

　いずれにしても、本のなかでステーキは、好まれる料理の割には〝冷たく〟扱われている。しかし、それもこれも、ステーキがシンプルすぎて、書きようがないためだろう。あるいは、日々の暮らしに密着しすぎた食べものなので、書き手のイメージを触発しないのか。

　ステーキに冷淡な作家が多いなかで一度だけ、〝すばらしくおいしいステーキ〟を読んだことがある。あるいは、もっとたくさんの〝おいしいステーキ〟の本はあるのかもしれないが、私の記憶にあるなかで〝一番おいしいステーキ〟はこれだ。

「『昼食はすばらしかった。ステーキの表は焦茶色に焼きあがり、焼網《グリル》の焦げ目が縞になっている。ナイフがすっと入り、内側の肉は柔らかく汁気たっぷりである。皆、肉の汁を皿からすくってマッシュポテトにかけた。ポテトのクリーム色の汁の池ができる。バタいためしたリマ豌豆《えんどう》は快い歯ごたえがあり、キャベツ・レタスはパリッと冷たく、グレープフルーツはしみるほど冷えている。

風のせいで皆食欲があった。食べているとエディがのぞきに来た。顔が大分ひどい。『どうだ、結構な肉じゃねえか？』

『すてきだ』と若トムが答えた。

『よく嚙《か》めよ。がつがつ食っちゃ勿体《もったい》ねえ肉だぜ』

『長く嚙むなんてできないよ。溶けちまうから』と若トム。」（『海流のなかの島々』上新潮文庫　ヘミングウェイ／沼澤洽治訳）

命をつないだステーキ

〝海と船〟に釣られて読んだヘミングウェイの『海流のなかの島々』のなかの一ヵ所である。本当のところ、この本は私の趣味からいうと、かなり〝眠くなった〟ものだが、この部分だけはやけに印象的だった。

ヘミングウェイという作家がグルメだったかどうかは知らない。しかし、この書き方から推量すると、相当の〝旨いもの好き〟のような気がする。少なくとも、ステーキのおいしさを知っている——。

わずかこれだけの文章のなかで、〝ステーキのおいしさ〟のすべてが語られていると思う。

ステーキの表面はしっかり焼き色がつくのが望ましい。浅い焼きだと、肉を焼いてできるメラノイジンの香ばしいおいしさがでてこない。〝レア〟の注文でも、表面はしっかり焼けていなくてはいけない。

「ナイフがすっと入る」のも、ステーキをおいしく食べる大切な条件である。

スッとナイフを入れて、スッと切れた肉の一片。切口がうすいピンク色で、汁気がジュワッとしみでるような一片をほおばるときの幸福感！　これがナイフが切れないと、切口がぎしぎしとこすれて、見た目も食感もよくないのである。「内側の肉は柔らかく、汁気たっぷり」なんて、泣ける表現だ。

Tender, Juicy（柔らかく、汁気たっぷり）は、どちらも英語で肉の旨さを表現する代表的な言葉である。焼きすぎて、パサパサしたのは失格だ。

もし、ステーキのおいしさに、もう一つ足すとしたら、「肉の厚さ」だろうか。

ステーキは厚めの肉のほうがずっと旨い。

一人分のうすいステーキを3枚、4枚と買うなら、まとめて大きな、厚い肉を1枚か2枚買ったほうがいい。それに、パラッと塩、胡椒して、フライパンなり、網の上で強火の遠火で焼く。

表面は素早く、焼きかためて、中の肉汁を逃がさないほうが、肉の旨味が保たれるので強火で焼くのがいいのである。弱火でジワジワ焼いていると、おいしい肉汁がみんな流れてしまう。表面に焦茶色に焼き色がついたら、火を弱めて中まで温める。

その厚いステーキを切り分けて食べるほうが、一人ずつ、うすい肉を食べるより、ずっと旨い。

命をつないだステーキ

肉が厚いほうが、焼き加減もうまくいく。うすい肉でレアやミディアムをうまく調節するのはむずかしい。どうしても火が入りすぎて、焼きすぎのかたい肉になりやすいのである。

付け合わせのマッシュポテトとリマ豌豆。それに冷たいレタス！

ステーキの付け合わせは、なんといったって芋と青い豆に決まっているようなものだ。とくに、芋は欠かせない。

「ハングリータイガー」のステーキとハンバーグにも丸ごと焼いた、これもシンプルなベイクド・ポテトと青い豆がついている。この愛想のない〝肉とガロニ〟が二十五年間、お客さまに愛されてきたのである。

料理らしい料理を知らなかった二十代の私が焼いていたステーキと、この本の中の、〝有名な作家〟という設定の主人公が食べるステーキとは大差がないようである。これも、ステーキがシンプルな料理だからこそ、といえることだろう。

この主人公のように、ハバナ辺りの海の上で、快い風に吹かれながら、〝スッとナイフの入る〟こんなステーキを食べたら、旨いだろうなと思う。

けれども、また一方で、たった一人、台所《キッチン》のテーブルで、黙々と玉ネギをかじりながら食べたステーキの味も、もう一度取り戻してみたい。

若かったからこそ耐えられた孤独で厳しい生活であり、また、だからこそ味わえた貴重なうまさだったろうと思う。

ところで、1パウンドのTボーンステーキに支えられたスタッカーの仕事は、さすがにきつすぎて長続きしなかった。時給の高いのはいかにも惜しかったが、三ヵ月で辞めることになった。

勉強のほうも忙しかったし、また、とんでもない裏稼業(!?)のアルバイトの口がかかるようになったこともあって、いつの間にか足が遠のいたのである。

パウンドステーキを食べつづける日々も三ヵ月で終わりとなった。

シュラスコをブラジルで食べる

「シュラスコ」は、私の好む肉の食べ方である。

最近は、日本でもシュラスコの店ができてファンも増えてきているようだが、シュラスコというのは、ブラジルの代表的な料理の一つである。というより、あるいは、アルゼンチンもふくめて、南米の畜産国の代表的な肉の食べ方といったほうがいいのかもしれない。

肉を塊のまま、火で焙《あぶ》り焼きにする、ごくシンプルな料理。

シュラスコに憧れる人のなかには、開高健の著作『オーパ！』（だったと思う）のなかで、夕陽の沈む大草原の一隅で、客人の歓迎のために屠《ほふ》った牛一頭を丸々、焚火で焼く、という壮大な食べ方に触れた人が少なくない。

たしか、牧童たちだけでなく、近くの街道を通るトラックの運転手たちにもふるまって、それでも牛一頭は食べきれなかった……、というようなことではなかったろうか。

私のイメージのなかでは、すっかり陽が落ちた牧場の、その一角だけが焚火で赤々と照らされ、酒の瓶がまわり、肉の焼けるおいしい匂いが漂う……、牧童たちの壮大な宴会の光景が勝手にどんどんふくらんでしまった。

シュラスコをブラジルで食べる、ということは、長い間、私の夢だったのである。


ブラジルには、シュラスコのほか、「フェジョアーダ」という有名な煮込み料理がある。

これは、牛や豚の内臓や耳、鼻、尻尾といった雑多なところを入れ、フェイジョンという黒い豆をいっしょに煮込んだものだ。まともな肉を食べることのできなかった奴隷たちが、〝ご主人〟たちの食べ残したものからなにから一つの鍋に入れて、ぐつぐつと煮込んだのが始まりだといわれている。

フェジョアーダも最近は「ずいぶん上品な料理になってしまった」とブラジルの人たちは言う。昔は食べていると、「うん？　これ、なんだ」というものがいっぱい入っていたそうだ。まだよく毛をむしっていない耳だったり、足先だったりがでてくるような、うんと土臭《つちくさ》い料理だったようである。

それこそ、なにもかも「食べ尽くす」料理の工夫であって、そういう「食べる」ということの根源であるようなフェジョアーダを食べてみたかったと思う。だが、私がブラジル

シュラスコをブラジルで食べる

で食べたフェジョアーダは、どれも、すでに洗練されたレストランのフェジョアーダばかりだった。

そのフェジョアーダに対して、もう一方のブラジルを代表するシュラスコのほうは、典型的な牧畜の国の、野趣《やしゅ》に満ち満ち、豪放《ごうほう》で豊沃《ほうよく》なイメージにあふれ、かつ、大胆にして男性的な料理だ。長い間、夢見ていたので、少々形容が大げさになる。まさに、男性的――それは、フェジョアーダが、つつましやかな、女性の工夫や暮らしの努力を感じさせる料理なのに対し、シュラスコはいかにも、牧童たちの陽にさらされた、乾いた髪や肌の匂いまで感じさせるような、男くさい大ざっぱな料理である。

ブラジル滞在中はシュラスカリアと呼ばれる街のシュラスコ専門店で、毎日毎日、飽きずにシュラスコを食べたものである。

日本式の肥育には縁のない、草地肥育のブラジルの牛の、ちょっとかたいが、噛みしめて食べごたえのある旨さは、それこそ大地の味わいだと感じたものである。

「これこそ牧畜の国の牛肉だ」

ちょっと青くさい味わいもある、ブラジルの牛肉をひたすらに食べた。

街のシュラスカリアでは、店の中に炉を置き、金串に刺した大きな塊の肉を焼いている。牛、豚、鶏、店によってはエビや魚も。

肉を待つ間、客たちはチーズ入りのパンを食べたり、野菜のスティックをバリバリ食べている。待つうち、ウエイターたちは、金串に刺したままの大きな肉を客席へ運んでくる。

「コントラフィレ……」

「ピッカンニャ！」

それぞれ、焼き上がった部位を声高によびながら客席をまわる。

「ピッカンニャ？　それをくれ」

という具合に、客は好きな部位を切ってもらう。長い串を、テーブルの皿に立てるようにして、ウエイターたちは腰に差したナイフで肉を切ってくれる。好きな肉を、好きなだけ、何回でもお代わりができる。

シュラスコは基本的に食べ放題の料理なのである。

長い剣のような金串、腰に差したナイフ、塊のままの肉、いくらでも食べていい……シュラスコは、開高健が描いたパンパスのシュラスコのコンセプトや食べ方、楽しみ方を、レストランのオペレーションに移した料理だと思った。

サンパウロ、サントス、リオ・デ・ジャネイロ、イグアス……、といろいろな土地で飽きもせず、シュラスコを楽しんだが、そのすべてに勝る、おいしく、楽しい、いかにも、シュラスコらしいシュラスコに出会ったのはドラセナという地方の町である。


その年、私がブラジルを訪ねた公式の名目は、〝コーヒーの勉強〟である。

しかし、私は日本を発つ前から、ひそかに目論んでいることがあった。

ブラジルのファゼンダ、それも、牧畜を主とするファゼンダを訪ねることであった。

ファゼンダというのは、大農園のことである。大農場主は「ファゼンデイロ」と呼ばれる。

つまり、〝ファゼンダの持主〟の意味である。

ブラジルで「ファゼンダ」と呼んでいいのは、最低でも250ヘクタール、75万坪の広さが必要だ。なかには、「九州ぐらいの広さのファゼンダの持主もいる」というのだから、土台、規模がちがう。

ファゼンダの下に、小農場と呼ばれるクラスの農園があり、さらに、シャーカラと呼ばれる、ちょっとした果樹園、農園付きの別荘のようなものもある。規模によって、厳然と呼び名が区別される。

その、本物の何十万坪、何百万坪という広さのファゼンダを、馬に乗って見てまわりたい、ブラジルの牧畜の現場を見たいと、かねてからつよく熱望していたのである。

ブラジルの牛は、アメリカやオーストラリアでは見られない、「ゼブ・ネロール」という種類の牛である。ゼブ・ネロールというのは、背中にコブのある白いインド牛で、ブラジルの牛はどういうわけかほとんどがこの種類である。

話には聞いていた、このゼブ・ネロールも見てみたい――。

もし、日程が許せば、知人の経営するファゼンダを訪れようと決めていたのである。

〝知り合い〟といっても、まだ、会ったことはない。互いの共通の知人を通して、知り合い、この数年、互いに招待のラブコールをやりとりしている、という間柄である。

「とはいっても、スケジュールがきびしいなァ」

ブラジルへ着いてからも、毎日の予定表をにらみながら考えていた。同行者たちはあり、スケジュールもかなりタイトである。そうそう勝手なこともできまい。

しかし、「ブラジルの牧畜の現場を見たい」という私の情熱が、私の理性に勝ってしまった。いくつかのスケジュールをキャンセルし、同行者たちの非難の視線もものかは、私は知人のファゼンデイロ、日系ブラジル人の吉村氏が住むドラセナを訪ねることになった。

「ヤオー。来ましたか⁉」

アポイントの電話を入れると、初めてきく吉村氏の肉声。おだやかな人柄のしのばれるような声である。

ドラセナという町は、サンパウロのあるサンパウロ州の一番西、州境のパラナ川をはさんで、かの〝小野田小尉〟の牧場のあるマットグロッソ州と接しているところだ。

「サンパウロからすぐだから……」

そう吉村氏は言うが、じつは、サンパウロから６５０キロメートル。東京―岡山ぐらいの距離である。それが「すぐ近く」なのである。

なにしろ、「ヘリコプターに乗って、サンパウロまで飲みにくる」金持ちがいっぱいの国だ。６５０キロはなんでもないにちがいない。

私は、夜行のバスで一晩中揺られながら、一人でドラセナへ向かった。一晩走って、まだ、サンパウロ州のうちなのである。

ドラセナというのは、「ドラセナ」という観葉植物の名前が語源だということだが、朝、目を覚ましたとき、バスはそのドラセナの木の多い町を走っていた。同じドラセナといっても、植木鉢に入っているような可愛いドラセナとはおよそ似て非なる、大きな木である。

バスが停まると、まるで旧知の親友でも迎えるような、楽しそうな笑顔で吉村氏が待っていてくれた。

「すぐ、出かけますか」

シャワーを浴び、夫人のドナ・テレザが用意してくれた朝食を食べたあと、吉村氏の運転するジープで牧場へ出かけることになった。

「何日でも、何ヵ月でもいてください」

という申し出にもかかわらず、たった一泊という遠慮深い客だから、急がなければならないのだ。

パラナ川を水上タクシーで渡った向こう岸、マットグロッソにあるファゼンダに行くことになった。

シュラスコをブラジルで食べる

向こう岸に着いたときには、陽はもう中天に高く、上からも下からもジリジリと熱気が体を包んでくる。天候が晴れようが降ろうが、寒かろうが暑かろうが、どんな環境にも音あげないのが私の特技のはずだが、さすがに「暑い！」。

放し飼いのニワトリや犬といっしょに、思わず、わずかな木陰に逃げこみたくなった。

フィードロットの囲いのなかに、かたまっている牛を見慣れていたせいか、ブラジルの牧場の牛の少なさに最初はとまどうくらいであった。

「二つの牧場（囲いのことだと思う）に５００～６００頭の牛を放してある」

という吉村氏の説明にもかかわらず、百万坪単位の土地のなかでは、車で数十分走って、やっとポツンと一群を見つけるくらいのものである。あとは、豊かな牧草のうねりがえんえんと広がるだけだ。

牧場のところどころに塩小舎（牛が塩をなめる場所）や水飲み場が点在している。

途中、家族で農園に住み込んでいるカゼイロ（下働きの使用人をさす）の家へ寄って、鞍《くら》や帽子を借りて、馬でまわってみることにした。

「なかなか似合う。本物のボヤデーロ（牧童のこと）みたいだ」

吉村氏にからかわれながら馬に乗った。

馬を走らせ始めると、ボヤデーロたちの態度がちょっと緊張したのがわかる。みんな、ニヤニヤ笑って、もの好きな客人を見ていたのが、

「うん？　お主、やるな」

といった感じだ（と、勝手に自惚《うぬぼ》れている）。

かなり丈《たけ》のある牧草が熱風で揺れている広大な牧場を数人で馬を走らせていくと、いつか、〝こんな自分がいた〟という不思議な感覚にとらわれるようだった。

こんな経験をするのは初めてではない……、といった、デジャヴの感覚だろうか。

天と地と草原のほかになあんにもない、本当に広大な天と地の間の乾いた空気と風。その大地の熱い風が、シャツの胸から袖から入ってきて、サアーッと体を包み込んでいく。

熱い風なのだが、不思議にも〝暑く〟ない。湿気がないのである。汗をかいても、熱風に吹かれて、すぐ乾いていく感じ——。

尻の下で、馬の背がリズミカルに揺れて、広大な草原を渡ってゆく自分。

「この感じ、たしかに、これは知ってるゾ」

私は、何度も何度も、自分の胸のうちにそう、くり返していた。

オーストラリアやアメリカの牧場とは、また、まったくちがう空気と景色である。初めてのはずなのに、私の体中の感覚が「ここは知っているゾ」と言っているような、不思議な時間が流れてゆく。

吉村氏、牧童たち、それに私の、馬上の数人は、牧草の波のなかを、ただ、馬を駆っていく。

時折、白い牛の群れに〝遭遇《そうぐう》〟すると、馬をとめる。

牛たちは大きな目でじっとこちらを見ている。長い舌でぺろりと塩をなめたり、水を飲んでいる。柵のへりでブラッキーナと呼ばれる草を食べている。

そして、何に触発《しょくはつ》されるのか、突然、ダアーッと走り始める。厚い草が押し倒され、また、さあっと起き上がる。しずまると、あとには牛の姿も何もない、広い草原がまた広がる——。

その日の午後いっぱい、私はただ馬を駆り、牧場のあちこちで牧童たちの仕事に見入った。

「さあ、そろそろ帰らないと……。今日は遠来の客だから、ドラセナ近隣の私の友人たちも招待してある。ドナ・テレザがやきもきしているだろう」

吉村氏に促《うなが》され、やっと、ジープに乗った。

「井上さんは不思議な日本人ですね。こんなに私の牛に興味をもった人もいないし、こんなに牛の話を共に語れる日本人も初めてだ」

吉村氏のファゼンダを訪ねる日本からの客はいるが、みんな、車で牧場のまわりを見るだけ。

「ボヤデーロみたいな日本人は初めてだ」

日本で失業したらブラジルへ来なさい。ボヤデーロとして雇ってあげる、という吉村氏の冗談を、私はかなり嬉しい気分で聞いていた。


その夜のシュラスコは最高に楽しかった。

吉村邸にはすでに、ドラセナの近郊の村や隣町から吉村氏の友人たちが集まっていた。日本からの客は、この町ではとても大事なでき事で、いつも、こうして日系の人たちが集まるのだという。

サーラ（サロンのような部屋）でアペリティフ（食前酒）を飲んでいる客人たちに、「日本から来たボヤデーロ」と紹介された。

シュラスコパーティーは、プールサイドのシュラスコの炉を囲んで、始まった。レンガを積んでつくった炉には、すでにブラジル産ユーカリの木の炭が赤々とおき、もう肉が、おいしい匂いをあげて焼けている。私にとっては、馴染んだシズルと匂いの光景である。「ハングリータイガー」のチャコールと、まさに、同じ光景だ！

テーブルの上には、ドナ・テレザが料理番のお手伝いさんたちを指揮して用意した料理がいっぱい並んでいる。

「バタジンニャ」（小いも）、「ビーフンとハムのサラダ」「たけのこ、こんにゃく、鶏の煮もの（!?）」「マンジョッカのフリッタとヒソーリ」、シュラスコにはつきものだという「モーリョ」……。

日本とブラジルの食べものが混じりあって、テーブルの上は賑やかである。

そして、炉ではドナ・テレザが自分で肉を焼いている。

「私は食べるより、サービスするのが好き」

そう言って、「コントラフィレ」「ピッカンニャ」「クッピン」と、肉を部位ごとに分けて焼いている。

「クッピン？　知らないなァ。いままでシュラスカリアでは食べたことがない」

「そうでしょう、クッピンはこういうところでしか食べられない特別な肉ですよ。少ししか出ないのでレストランでも高級な所にしかない」

〝クッピン〟と呼ばれるのは、牛の背のコブの部分の肉だという。

ゼブ・ネロールの写真を見ると、よくわかるのだが、背中の前のほうに、小さく盛り上がっている部分がある。それがクッピンである。

この肉は、ほかの部位とは扱い方がちがう。塩、胡椒しない。

「岩塩をといて塩水にして、それを刷毛で塗りながら焼く」

ドナ・テレザはそう言って、肉を皿に取り、ナイフで表面をうすく削って、また、肉に塩水を塗って、網にのせた。

クッピンは、どうやら、うすく切っては食べ、また、塩水を塗り直しては焼くらしい。

噛みしめるようにして食べると、しっかり身のつまった肉の歯ごたえである。脂っ気が少なく、赤身の肉が固く押されているようなかたさである。

「旨いものですね」

うすくナイフで削ってもらったクッピンを食べ、思わず、そう言ってしまった。生の肉を焼くという意味では食べたことのない味わいである。

ハムやソーセージとはちがう。たしかに生の肉なのだが、ちょっとかたいベーコンの脂のない感じだろうか。不思議な味であった。

コントラフィレもピッカンニャもみんなひと通りは味わい、どれも旨かった。しかし、その夜は、私にとっては珍味ともいうべき、クッピンを食べることに精をだすことにした。

適度な塩気が、酒を誘うのである。

ピンガ（ブラジル原産の蒸留酒）が合う、いや、ビールのほうがやっぱりいい……、と賑やかにすすめられるままに、めずらしく、私はたくさんの酒を飲んだ。

「たくさん食べて、こんなに冷たいビールを飲むと腹の中でかたまって、死ぬほど腹が痛くなると、いつか聞いたことがあるが、大丈夫かな？　いや、待てよ。あれは、たしか、チーズフォンデュの話だったたな……」

私はかなり酔って、他愛もないことを考えていた。

日頃なら、私はたくさん食べても、たくさんは飲まない。酒量のほうはいくらでもセーブできるし、コントロールできる。

だが、今宵は飲まねばならない。

大草原を馬で駆るボヤデーロたちなら、こんな夜はたらふく食べて、強い酒を痛飲するだろう。

そして、男たちの闘志をかきたてるような若き美女が……。昼から私のなかで不思議に動いているデジャヴの感覚がまた戻ってくる。

「うん、そうだ。たしか、とても美しい女がいた」

酔った頭でそう思う。しかし、周囲には、ドナ・テレザの料理をほめあう、礼儀正しき熟年の美女たちはいっぱいいるが……、血の熱いボヤデーロたちを闘わせるような罪深き美女は見当たらぬ。

「う〜む。だいぶ酔ったかな……」

私は、皿の上の肉の一片を、テーブルの下で寝そべり、客人のお裾分けを待っている秋田犬のマギノにそっと食べさせた。マギノはしゃべるのに夢中で、いっこうに肉を落としてくれぬ今宵の客たちに憤然《ふんぜん》として寝そべっていたようだが、いそいそと私の足もとにやってきて、ベロベロと手をなめてくれる。やがて、どさりどてんと、その重い体を私の足の上にのせて座りこんだ。

「もう、だめだ。お腹がいっぱいだ」

12時近くなり、私はついに降参した。もうひと口も食べられぬ。

「なに、もうダメ。ダメだね、井上さん。そんなに若いのに……。まだ、まだ、肉はいっぱいよ」

ドナ・テレザが咎《とが》めるように言う。

「遠慮しちゃダメよ。ブラジルには肉はいっぱいあるんだから」

「もっともっと……。これからよ」

熟年美女たちは、口々に、私の〝少食〟を責めたてる。

とんでもない。すでに、胃が口から出そうなほど食べた。これ以上は入らない。それにしても吉村氏を始め、みんな、よく食べること。

日本の同年輩の人たちにはとても見当たらぬ見事な食欲であり、食べっぷりだ。

「お肉、そうね、100グラム小間切れをください」などという、日本人と同じ血が流れているとはとても信じられぬ健啖《けんたん》ぶりで気持ちがいい。

まだ、デザートだ、ダンスだ……、と言っている声を背に、私は早々に（といっても、すでに夜中の2時に近い）客用の寝室に引きあげた。

「やっぱりブラジルだ。ほんとのシュラスコを食べたぞ」

天井がガラス張りのシャワー室で、シャワーを浴びながら、ブラジルの星空を眺めて、そう思った。

今日一日が、どこか遠い時間の連続のような気が、まだつづいていた。

「こういう大胆な牛肉の売り方をしてみたい！」

ブラジルから帰った当時は、シュラスコに憑《つ》かれたみたいに、シュラスコの店をやってみたいと考えていた。が、日本の肉、とくに牛肉の値段を考えると、本物のシュラスカリアのような大胆な売り方はできそうにもない。チマチマとしたシュラスコは私の望むところではない。第一、風がちがう、大地がちがう。

シュラスコの店はあきらめた。

時々、ブラジルの草地をわたる、熱く、乾いた風を想いおこし、ボヤデーロたちのシュラスコの夢を見るだけにしよう。

人生はじめての炭焼きステーキ

私はたまにこういう質問をしてみることがある。

「いま、ヨットを一艇つくっていい、あるいは好きなヨットを買っていい、と言われたら、君なら、まず、何をしますか？」

これは私自身がヨットが好きなのでこういう質問になるのだが、テーマは別にヨットでなくても構わないのである。

「ヨットの本を買って、ヨットについて勉強してから決める」

「ヨットを扱っているところへ行って見る」

「お金に糸目をつけないなら、好きなのを買ってしまう」

じつに、さまざまな答えが返ってくる。私はそういう答えから、その人のものの考え方や組み立て方を知ることがよくある。

さて、私の場合はどうかというと——

一、まず、ノートを一冊買ってくる。

二、1ページ目の一番上に、そのヨットで自分は何をしたいかを書く。

4人家族で、一年間世界一周するためのヨットをつくる……、というようなことだ。

三、次に、それでは一年間、4人家族がヨットで暮らすためには何を、どう準備したらよいかを書きだしていく。

食料は、水は、それらをいつ、どこで補給するか……というようにだ。

考えられるいろいろな条件を書いていくうちに、全体のイメージがつかめてくる。そうして、最後にそのようなものをつくるにはどのくらいの予算が必要かが算定される。

この方法は、私がロスアンゼルス・トレード・テクニカル・カレッジのレストラン経営学科で学んだコンセプトのつくり方である。

第二章　牛肉を食べる

人生はじめての炭焼きステーキ

一九六九年、横浜・保土ヶ谷の横浜新道沿いに初めて「ハングリータイガー」をつくったときもこのようにしてコンセプトを練りあげたのである。

しかし「『ハングリータイガー』をどうやってつくったのですか」という質問に、ふつうはこんな風に答えることはまず、ほとんどない。

私がアメリカへ留学していたことがあると言うと、「あっ、それでアメリカ風の建物でステーキなんですネ」とか、実家が肉屋だったと言うと、「なるほど。だから肉のレストランを……」とか、みんな勝手に納得してくれるので、〝どうして店をつくったか〟という説明をする必要はめったにないからである。

しかし、いくら単純な私でも、実際には一つの店を考え、つくりあげるまでには、もう少し複雑な過程やロマンや物語があるものである。

初めてステーキを食べたのは大学生のときである。

肉を食べる機会に恵まれなかったわけではない。実家が肉屋だったから、父親が開業した小学生のころからほとんど毎日肉を食べてきた。学校から帰って、お腹が空くと店へ行って、好きな肉を切ってもらって帰ってくる。それを自分でフライパンで焼いて食べるのが私の〝おやつ〟だった。高校生から大学生にかけての時期、「旨い、旨い」「肉が好き」とばかりに、毎日６００グラムぐらいの肉を食べつづけていたことがある。

あるとき、なにかのついでに採血したところ、血中ヘモグロビンの価が異常に高いことがわかった。

「これじゃ、君、死んじゃうよ。いったいどんな生活をしているんだ」

医師が仰天したような声で叫んだ。

採血した血は真っ黒で、ドロドロしていた。

肉ばかり、たくさん食べているという食生活を話したところ、その医師はもっと仰天したような顔をしていたものだ。

そのことがあってから、私も肉だけでは健康を維持できないことを学んだ。野菜も食べるようになったが、やはり「肉が好き」なのはいまも変わらない。

そんなわけで、当時の日本人としては破格な量の肉を食べていたのだが、「ステーキ」という料理は知らなかった。

人生はじめての炭焼きステーキ

五十数年前の一般の日本の家庭では、「ステーキを食べる」というようなことは、まずなかったと思う。あったとしても、それはごく山手の上流の家庭だったはずだ。一般の家庭で肉を食べるといえば、牛だろうと豚だろうと、うす切り肉が主流だった。スキヤキなら上等。あとは、うす切り肉をフライパンで炒める。小間切れ肉でカレーや野菜炒めをつくる、といったところだ。そういう意味でいえば、いまもそれほど大差はないのかもしれない。量もごく少ないのがふつうである。

よく知られていることだが、アメリカの人々の肉を食べる量はすごいものがある。

食生活が西欧化したとはいえ、もともと狩猟民族で肉を主たる食事にしてきた国民と、農耕の民たる日本人の肉の食べ方の差には歴然たるものがある。

そういうなかで、私個人は日本人としては例外的に肉の消費量には貢献（？）しているつもりである。

が、それにしても、大学生になるまでステーキ——つまり、分厚く切った牛肉を焼いて食べるという食べ方は知らなかった。

当時ステーキはごくご馳走の部類で、ホテルや高級レストランで食べる料理だった。いまではファストフードのステーキ店もあることはあるが、やはりまだ一般に「ステーキ」には多少〝特別の日に食べる〟といった感覚が残っているような気がするのだがどうだろうか。

「でっけえ肉だァ」

「2センチはあるな……、これを食べるのか」

「旨そうな匂い！」

英語を習いに行っていたアメリカ人の先生の家で、「ステーキ」に初めてお目見得したとき、七輪の炭火を囲んだ数人の大学生は口々にこんな感想を発したものである。

そのころの私はすでに生涯の仕事として、レストラン経営を目指していた。そのためのアメリカ留学に備え、英語の勉強をしていた、というわけである。

東京・恵比寿にあったＥＣスクールという英語教室を主宰していたのは、ドクター・キャタリンというユダヤ系アメリカ人だった。ＴＤＫ、住友商事、ＩＢＭといった企業へ英語を教えにいったり、そこから社員たちが習いにきたりしていた。私が通っていたのは、夕方のクラスで、生徒の大半は大学生だった。

いつも、スキー部のトレーニングで腹ぺこで教室へ駆けつける私や、似たりよったりの他の学生たちのために、先生と奥さんはいつもなにかつくって食べさせてくれたものである。

食糧事情はまだ豊かではなかった。ラーメンの麵でつくったスパゲティミートソースを初めて食べたのも、〝スクール〟とは名ばかりのその二間のアパートの先生の家である。

「ベーコンオイルをつくったら、ほら、カリカリのベーコンは取りだすんだ。次にみじん切りの玉ネギとセロリを入れて炒める……。シュウ、そんなに乱暴にかきまわすなッ。ゆっくり、ていねいに、すき通るまで炒めて……」

私がいまでもつくれるスパゲティミートソースはドクター・キャタリン流。

「そんなに乱暴にかきまわすなッ！　シュウ」という先生の声をどこかに聞きながら、ごくごくたまに、ミートソースをつくることがある。

「肉はこうやって食べるのが一番旨いんだ」

そう言ってガスでなく、七輪に炭をおこして金網をのせ、厚い肉を焼いてもらった日の記憶はとくに鮮烈だ。

炭火のなかに時折、脂が落ちて、ジュッと燃えるといい匂いがした。肉においしそうな焼色で網目がついてきてまさに肉汁がジュワッと表面に滲んでくる。

「こんな大きな厚い肉を食べるのか」という驚きがあった。

「焼けていく過程がこんなにおいしそうで楽しいもの」なのも初めての経験だった。

「炭で焼くとチャコールフレイバーがついて肉がうんと旨くなる」

一人ひとりの皿に取りわけてもらった肉にかぶりついたときの旨さはいまでも忘れられない。

「う〜ん」とうなったまま、あとは声もない。

肉の食べ方、旨さというものに開眼したといっても大げさではない。いままで「肉が旨い」と思っていたレベルと、まったくちがうレベルの「肉の旨さ」を初めて体験したのである。

「牛肉を焼くのはこんなに旨いのか」

いままで自分の食べていた肉料理とのちがいにショックを受けると同時に、目からうろこが落ちた。

漠然としていた将来の目標にさっと陽が差し込んで、ある明確なところを指し示しているような気がした。

「肉だ、ステーキだ」という意識が、追っても追ってもつきまとってくるようになったのはそれからである。

もっと以前、中学生のころ観たアメリカ映画の鮮烈なシーンがそのときの体験で実感として理解できたものである。ヴィクター・マチュアというマッチョの俳優が演じた『紀元前百万年』という映画の一シーン——

ヴィクター・マチュア演じる原始の男が、狩りで射とめた獣の肉を、薪を燃やした火の上で焙り焼きにしている。

やがて、脂が滴《したた》り落ちてジュッジュッと焼けてきた大きな肉の塊に、かぶりつく。

「旨そうだなァ」

口からよだれが垂れそうな思いで、画面に食いつくように見つめていたガキ時代の記憶が、金網の上で焼いたステーキにかぶりついたとき、ぴたりと合わさった。まるでカチッと音がして、鍵があいたように、自分が探していたものが見えた気がしたのである。

口のまわりを脂でべとべとにさせながら、「旨い、旨い」と肉を食べている我々を満足そうに眺めながら、先生は、というと、ゴードン・ジンの瓶を傾けてストレートのジンをラッパ飲みにしている。

アメリカの大学の学位を三つも持ちながら、占領国・日本へやってきて、安アパートの一室で英語を教えながら飲んだくれていたドクター・キャタリン。

まだ人生の何たるかも、人生の幸せも苦渋も知らぬ青二才の私には、その先生の思いを測るどころか、思いやる器量さえなかった。

ＥＣスクールは、ただ、ただ、楽しい場所だった。

毎日毎日出かけていっては、夜遅くまで、しばしば一晩中でも先生や奥さんを中心に仲間で話し合ったり、ワイワイ騒いでいた。

映画の話、まだ珍しかった車の話、食べもの、酒の飲み方……。いま思えば、我々は英語を習いに行っていたつもりだったが、じつは、先生を通して、アメリカの文化やライフスタイルを学んでいたのだろう。

男の生き方を、かすかながら思い始めるころだった。

その教室には慶応の学生で、後に人気ＤＪになった小林克也《こばやしかつや》がいた。彼はすでに先生の代理でよく企業へ英語を教えにいっていた。彼の将来には、〝英語〟というテーマがすでに見えていた。

ホンダ創業者の本田宗一郎氏の子息がいた。

みんな、自分の夢を語った。私もレストラン事業への計画を語った。

いま思えば、ＥＣスクールは私にとっての〝青春の梁山泊《りょうざんぱく》〟だった、といえば、自分たちを美化しすぎるだろうか。我々は英雄でも、野心家でもなく、ただの学生ではあったのだが――。

私のつくったハンバーグとステーキのレストラン「ハングリータイガー」の店内には、必ず、チャコール・ブロイラーと呼ばれる炭焼き炉がしつらえられている。その炉に炭をおこし、お客さまの目の前で火の中にジュッジュッと脂を滴らせながら肉を焼くのが、「ハングリータイガー」の独特のスタイルである。

そのチャコール・ブロイラーこそが、「ハングリータイガー」のシンボルである。

この、炭火でステーキや、１００％ビーフのパテを焼くという、私のコンセプトの原点は、ドクター・キャタリンが七輪の炭に金網をのせて焼いてくれたステーキにある。

二年間のアメリカ留学から戻り、勇んでレストラン（現在の保土ヶ谷店）を開店することになったとき、ドクター・キャタリンは我がことのように喜んでくれて、一週間も泊り込みで開店の準備を手伝ってくれた。自分でもレストランを経営していたことがあるというドクター・キャタリンの目は細かいところまで及んでいて、いまでも「ハングリータイガー」で伝統的に行っているロスを防止する方法のいくつかを教えられたものである。

そのドクター・キャタリンは、「ハングリータイガー」がようやく軌道に乗りはじめた開店一年後、胃がんで亡くなった。

私がようやくレストラン経営者として、なんとか独り立ちできるようになったころであった。

店の中央にはチャコール・ブロイラーがしつらえられる。
炉におきる炭火で焼くビーフの旨さこそが、創業以来
ハングリータイガーが大切にしてきたものだ。

和牛を育てる

和牛にいたく関心をもっていた時期がある。勉強もしたし、産地を何回も訪れ、実際の肥育（自然放牧でなく囲いに入れ穀物資料などを与えて育てる畜産の方法）の現場もみた。家畜商の免許もとってセリの資格も得たし、参加もした……。ついには、小さい牛舎をもち、和牛の肥育事業を自分で手がけることにもなった。

そうして、和牛に熱中していたあるとき、但馬の肥育農家の人からこういう話を聞いたことがある。

「小さいときから、牛の角をしっかりしばっておかないと、牛の顔がサムライにならない」

なぜ、牛の角を内側へ矯《た》めるようにしばるのか、という私の質問に対する答えである。

「サムライの顔……、牛の顔が⁉」

私は思わず、声にもならない嘆声《たんせい》を発していたと思う。

何年も赤字を出しながら、和牛肥育に熱中していた間にも、なにか釈然としないで残っていたものが、そのとき氷解した気がしたのである。

なんだか釈然としなかったこと——それは人々はなぜ和牛をここまで、ひたすら手をかけて肥育するのか、その理由が納得できなかったのである。

肥育農家の人たちの生活を知るにつれ、また、自分でも手がけてみて、決してたやすく利益の出る事業ではないことを体験してみたとき、「なぜなんだ」という気持ちがいっそう強くなってきていた。

仕事の意味というものが、必ずしも、金銭ではかれるものでないことはわかっている。それにしても「なぜなんだ」という気持ちである。

和牛の肥育というのは気の遠くなるほど、手間暇、時間のかかることである。かりに、1頭仕上げて、100グラムウン千円で売れるような極上の肉牛ができたとしても、その肥育にかかった三十ヵ月、六十ヵ月という年月、ある意味では文字通り、家族や人としての楽しみを犠牲にしてまで手をかけて育てる「労働」の対価としては、決して、見合うものではないはずである。

なぜ、彼らは和牛を育てることに、これほど手間暇を惜しまず、ある意味では、犠牲的と思えるまでの努力を払うのだろうか。

考えられる理由をあげてみよう。

それは、日本人が農耕の民であるという点だ。西欧のように、狩猟《しゅりょう》民族であり、肉食を生活の基本にしている民族とちがい、もともと牛が「食」の対象になっていなかったこと。反対に、農家にとって、牛は苦しい労働の大切なパートナーだったのである。

だからこそ、自分たちの住む母屋と土間つづきに、屋根付きの牛舎を与え、そのからだをいたわり、大切に扱った。その、〝手をかける〟伝統が和牛の肥育にも受けつがれてきた、という考え方である。

しかし、これだけでは、コストに合わないほどの打ち込み方、こまやかで犠牲的なまでの手間のかけ方を、十分に納得するわけにはいかない。また、「食べる」ために売られていく牛であるにもかかわらず、〝芸術品〟といわれるまでに仕上げていく年月の努力や熱中がどうしても理解できなかったのである。

肉牛という観点からみたとき、それはあまりに生産性の低い仕事だからである。

アメリカやオーストラリア、あるいは、ブラジルやアルゼンチンの大牧場を見たことがある人なら〝口もきけない〟くらいの小規模な事業であることがわかる。

和牛を育てる

現在アメリカやオーストラリアといった国々には、「フィードロット」と呼ばれる、肉牛肥育をする飼育牧場がある。

牧場で、いわゆる草地肥育された牛は、生後十五〜十六ヵ月経つと、このフィードロットへ送られてくる。ここでは、カロリーの高い穀物肥料で約四ヵ月肥育されるのがふつうである。

ここへ送られてきたとき300キロぐらいだった若牛は四ヵ月後には500キロを超えるまでの堂々たる肉牛になる。

大規模なフィードロットになると、じつに10万頭もの牛が肥育されている！

日本の肥育農家では、8〜10頭をひと囲いにして育てるが、ここではペン（Pen）というひと囲いに、多いものだと300頭もの牛が囲われる。

100〜160ヘクタールもあろうかという大敷地は、そのペンと呼ばれる区切りで、無数に区割りができている。全体をひと目で見渡すのはとうてい不可能な広大さである。

ヘリコプターかなにかで、上空から見るのでもなければ、大フィードロット全体を俯瞰《ふかん》することはとうてい無理だ。いまならドローンで撮影というところだろう。

そうした規模——。

そして、給餌方法にしてもシステマティックである。

毎日数百頭ずつ運ばれてくる牛たちの成長の度合い、体重に合わせ、カロリーや各種栄養のバランスを計算した穀物飼料——それは、いわば〝太るため〟のダイエットメニューともいうべき餌がコンピュータコントロールで給餌される。

和牛肥育と同じく、成長段階で肥料の配合は変化していく。が、和牛と根本的にちがうのは、給餌するのは人でなく、コンピュータである点だ。生コンクリートミキサー車に似た給餌用トラックからメニュー通りの飼料がどっと給餌されるのである。

まさに、「肉牛」という商品を量産していると感じられるアメリカやオーストラリアの肥育にくらべ、和牛の肥育はまさに「芸術品」を創るような手づくりの作業である。

どちらにも、その良さも、また、欠点もあるだろう。

しかし、私の基本的な考え方は、「日常の食べものである以上、良い品質のものが安く、たくさん食べられる」というところにある。

価格も利益も、また、働く人の労働の対価も十分にリーズナブルであるべきだ、というのが経営者としての信念である。

「ハングリータイガー」の商品や価格を考えるときのせめぎ合いは、私の考える「肉として十分な品質」と、「いかにリーズナブルな価格で提供できるか」というところにある。

したがって、「ハングリータイガー」では基本的に和牛は売らない。一品「スプリームハンバーグ」と呼ばれる和牛100％の商品があったが、これは亡き父との想い出という、いささか個人的センチメンタルな理由で敢えて残されていたものだが、現在はなくなった。

いかに努力しても、和牛を消費者にとってのリーズナブルな価格で提供することができないからだ。「和牛」という、肉牛として最高とまでいわれる品質の肉を育てた伝統をもちながら、我々日本人の大半はその「おいしさ」を享受できないでいる。

和牛が、日常の食事として考えるにはあまりに高価だからである。私は、ここにも和牛が決して、消費者のほうを向いてつくられてこなかった結果を見る気がするのである。

和牛は、かつて一度も消費者の「食べたい」という要求でつくられたことはなかったのではないかという気がずっとしていたのである。

そして、もう一つ、私が「ハングリータイガー」の商品に和牛を取りいれないと決めたのはステーキのような厚切りの肉を食べる場合、サシの多い和牛は必ずしもおいしいものではないと思うからである。また、量も食べられない。

こうして、消費者との接点から考えていっても、また、和牛肥育の経験から推してみても、まだ「なぜだ?」が残った。

和牛肥育は芸術

そうした時期に、この牛の角をしばる理由をきいたのである。

「見映えのよい顔の牛をつくりたい」から、角をしばる!

そう言われてみると、角を矯正《きょうせい》して、内側に形よくたわめた牛の顔は、たしかに「きりっ」としたいい顔だ。

「古武士の風貌」というわけだ。

これは説明するまでもなく、印材《いんざい》(印鑑をつくる材料)となるためにも肉の品質にも牛の成長にも関わりのない方法である。

ただ、ひたすら、自分たちの好みの顔、自分たちにとって眺めてうれしい顔をつくるために、「秘伝」のしばり方を工夫する。

「ああ、そういうことだったのか！」

私はハタと膝を打ちたいくらいの気持ちでその話に納得した。

そうか。和牛を育てている人たちは、「和牛を育てるという、自分たちの娯《たの》しみを追求しているのか」と納得したのである。

そこには、肉を食べる客も、結果としての報酬もない、「別の世界」があったのである。

もちろん、仕事である以上、当然報酬も考えているし、売るための価値も考えられているだろうが、じつは、「つくり手」たちはそれを超えた喜びや楽しみをその仕事に見いだしているということなのだ。

その証拠に、〝牛の角をしばる〟といったような実用には関係ない、肥育家独自の「秘伝」はじつにさまざまにある。

まず、一人として同じ飼料を使っていない。十人が十人、それぞれ自家だけの〝秘伝〟と称する配合の方法をもっている。

「最高の和牛を育てるにはこれでなくちゃ」と、十人が十人、自分の配合をそれぞれ工夫している。

トウモロコシ、大麦、フスマなどの配合の比率、また、牛の成長段階に合わせて変えていく時期。

また、牛は反芻《はんすう》動物であるため、胃の中のバクテリアの助けで食物を消化しているのだが、その胃の働きを活発にさせるには干し草やワラが欠かせない。

そのワラや干し草を与えるのにも、やわらかくするため水煮して与えるという「秘伝」を披露《ひろう》する人もいる、という具合だ。

そして、「サムライの顔をつくる」ために牛の角をしばるというような、実用にはまったく関係のない秘伝もいろいろある。

先のアメリカあたりの大フィードロットの、生コンクリートミキサー車に似た給餌用トラックから飼料配給塔へドッと飼料がでてくる、という世界とはまったくちがう、手づくりの世界。

「そうか、そうか、そうだったのか！」

和牛肥育は芸術

私は目からうろこが落ち、胸につかえていた何かがさあーっと落ちていったような解放感すら感じて、和牛を育てている人たちの拠って立つところを納得した。

和牛のことを、よく肉牛の〝芸術品〟と称するが、それまではそれは言葉として用いていただけだったが、まさに、和牛の肥育そのものが「芸術」に近いものだったのである。「和牛を育てる」ということは、「そのことが娯しみであるような仕事」なのだと、初めて実感として思い至った。

そこには、日本の伝統的な職人の心と同じものが流れているのである。

日本の職人たちの仕事には、じつに繊細な追求のしかたが行われる。利益や報酬を度外視してまで、とことん、自分自身の納得いく仕事を追求したり、自分の「手の技をきわめる」ことを大切にしたりする例はよく聞くところだ。

つまり、彼らにとっては、手の技をきわめんとする、そのことがすでに仕事の目的になっているといってもよい。そのことが娯しみであり、幸せであるというような仕事の追求のしかた。それはとりも直さず、「芸術家」の仕事であると私は思う。

日本の職人たち、とくに、匠《たくみ》と呼ばれる職人たちの仕事には、本来の、「用に役立てるものをつくる」といった以上のものが絶えず追求されてきたと思う。

たとえば、飯茶碗や椀、漆塗りの盆や鉢といった日常用の食器類でさえ、単に、「飯を盛る」「汁を張る」といった実用性以上のものが追求されている。

繊細な文様の美しさ、季節感やつくり手の微妙な美意識、ときには、諧謔《かいぎゃく》（ユーモアの精神）を感じさせる凝《こ》った細工、ひそかなこだわりの表現が工夫されて、つくり手の「技」が競われてきた。また、そのひそかなこだわり方、工夫そのものがつくり手の娯しみだったと感じさせられるものは少なくない。

そうした匠たちの凝り方、仕事の追求のしかたが、本来実用品である陶磁器や漆塗り、その他の工芸品といったものを、次第に芸術的な価値を持つものとして評価させていったのだろうと思う。

「和牛」もこういう日本人の「匠ごころ」から生まれてきたと思わざるをえないのである。

和牛は、「和牛を育てる」という仕事そのものを娯しみ、追求してきた結果としての一つの芸術品なのである。

だからこそ、彼らは、労働の対価としてはあまりに恵まれない仕事を誇りをもって営々として続けてきたのだと思う。

こうしたつくり手の姿勢が、単に実用としてだけでとらえてしまうにはもったいないような和牛の品質をうんだと思うのである。

私はこうした「和牛を育てる」ということの意味を心の底から納得できたとき、ようやくそれまでとらわれていた「和牛肥育」から解放された。

つまり、言ってみれば「和牛は消費者のほうを向いてつくられていない」のである。

買い手に合わせたものは「商品」であって、「芸術」ではない。そういう意味で、和牛は消費者の欲求に照準を合わせてつくられてはいない。

ひるがえって、私自身は何をしたいのかを考えると「消費者が求める、リーズナブルで質のよい肉を売りたい」ということだ。

それなら、「和牛の世界は、私が求めている世界ではない」と、忽然《こつぜん》と悟ったのである。

バブル経済の世の中の流れのなかで、私の店も一時「手ノ子牛」と呼ばれる米沢牛のステーキをおいてみたり、いくつかの試行錯誤はあった。

「肉を売る」「肉を食べる」という、私の仕事の原点にあるものは、「安くて質のよい肉をたっぷり食べてもらいたい」ということではないか。

それなら、「芸術」としてつくられるものでなく、「商品」としてつくられる牛肉で十分の価値である。私が求めるものは、品質とリーズナブルな価格なのである。

私はようやく、苦しみながら維持してきた和牛肥育の牧場を閉鎖し、私のなかの和牛の呪縛《じゅばく》から解放されることができたのである。

環境問題と〝肉〟

「やわらかければおいしい」

「赤身がおいしい」

「霜降りでなければダメ」

という、牛肉に対する日本人の偏《かたよ》った好みを、味への〝こだわり〟というなら、そういう〝こだわり〟は自己満足以外のなにものでもないのではないかと、このごろ考えるようになった。

環境問題と〝肉〟

こういう牛肉に対する味覚の基準は、当然和牛への味覚である。私も和牛のおいしさを十分に認めている一人である。最高の牛肉であるとも思う。

しかし、その和牛の味覚の価値基準を、即、輸入牛の価値基準へもちこむことは危険であると、確信に近いものを感じるようになったのである。

ひところ、オーストラリアの牧場をさかんに見て歩いたことがある。多くの牧畜業者や牧場主の話を聞き、オーストラリア各地へもずい分、足を延ばしてみた。

そうして、日本と関係のある各地で見聞きしたものは、私自身もふくめて日本人のエゴを痛感させられるものが少なくなかった。

オーストラリアでは一時、日本向けの肉牛の生産が「金になる」というので、多くの牧場が草地での牧畜から、日本式の穀物肥育へ移る動きを見せたことがある。牧場を、フィードロットへ変えようとしたのである。しかし、やがて、彼らは、日本式の肥育がすすむと環境汚染をひきおこすということに気付いたというのだ。

どういうことかというと、大フィードロットで何万頭もの牛を肥育すると、その何万頭もの牛の大量の屎尿《しにょう》が問題になる。

一定の囲いのなかに大量の牛がいるのだから、広大な草地に牛が散在している状況とは当然ちがう。

その屎尿は河川へ流れ込み、水を必要以上に富栄養化してしまう。そうなると、余分のバクテリアも発生するし、飲み水としても影響がでてくる。

また、この富栄養化した川の水は農業用としても使われる。すると、多くの植物、農作物が影響を受ける。栄養分のありすぎる水は、トウモロコシなどの作物の茎や葉ばかりを大きく、太くして、かんじんの実が大きく実らないのである。

また、匂いの公害も発生する。とくに、良質のエサを与えられない地域——たとえば、麦やトウモロコシといったものの穫れにくい乾燥地などでは代わりに綿の実を多く与えなくてはならない。

綿の実そのものは栄養価は高いのだが、穀物飼料総量の12～13％以内に止めないと牛が下痢をおこしやすくなるのである。その垂れ流す糞《ふん》の匂いは強烈なものだ。これは私自身も近くで経験したが、大変なものである。

環境問題と〝肉〟

そうした環境への直接的な汚染のほかにも問題はある。

穀物肥育というのは、生産の効率はきわめてわるい。

その効率は約8対1。つまり、8キログラムの穀物のエサに対して、1キログラムの牛肉しか生産できないのである。

日本での肥育はさらに効率がわるい。

10キログラムのエサ（穀物）に対して、1キログラムの牛肉の生産である。

また、大量に牛を育てるには、エサ用の穀物も大量に栽培しなければならない。そのためには、農産物の多用な生産が圧迫されて、人間にとって必要なジャガイモや豆といった作物の生産量が確保しにくくなる恐れもある。

こういった事柄がさまざまな角度から論じられたり、考えられたりして、オーストラリアでの牧畜は守られたと聞いた。つまり、大幅なフィードロット化を防ぐ措置が講じられてきたのである。

オーストラリアでの牧畜を考え、いろいろ勉強していた時期に、関心をもって成行きを見守っていた裁判がある。

クイーンズランド州ブリスベンの裁判所で行われていた裁判である。クイーンズランド州は、現在、オーストラリア中で一番フィードロットに厳しい制限を設けている州である。

裁判の被告人は、州議会議員。訴えたのはある老婦人である。

州議員が建設をすすめようとしていたフィードロットの計画の差し止めを老婦人が要求していた。この老婦人は、建設を予定されているフィードロットから、わずか3キロメートルぐらいの近所に住み、一人でマカデミアナッツの栽培をしていた。

建設差し止めを求める老婦人の主たる理由は匂いだった。

大規模なフィードロットができれば、牛の屎尿《しにょう》等の匂いで、自分の住環境が侵される、というのである。

この裁判の経過でも、先に述べたようなさまざまな問題が論じられた。

その結果、裁判所の下した判決は次のようなものになった。

フィードロットの建設を認める代わりに、肥育する牛の頭数を減らすこと、屎尿処理用の池の増設、ペンと呼ばれる囲いの規模を大きくするなどの制限を求めたのである。

州議員といった人物の建設計画に対してもこういう制限が求められ、全体の利益に対する議論が尽くされたことを、私はとても興味深く、見守っていた。

もちろん、現在、オーストラリアには大規模なフィードロットはいくつもある。しかし、こうした論議や住民の関心のつよさ、牧畜業者自身の意識によって、「金銭的利益」だけのためにいっせいにフィードロット化することは、防がれたのだと聞いた。

「牧畜」というのは、自然の草地を利用しての牛の飼育である。

草の密度の濃い土地なら、1エーカー（1224坪）に1頭とか、乾燥して草の少ないところなら、たとえば2エーカーとか3エーカーに1頭……、といった具合に放しておく。牛は自然に草を食べて育つというわけである。

「草地牧畜」というのは、本来、こういう具合に、〈天候・大地・牛〉が自然に共存している事業だったのである。

日本人が、輸入牛に対してまで、和牛のスタンダードを求めて、濃厚飼料を与えて肥育する「やわらかく」「霜降りの」牛肉を要求していくということは、本来の欧米の牧畜のなかにあったこの牛肉生産の理想的なバランスを崩してしまう、ということなのである。

たしかに、長い間、和牛の味が牛肉の味だと思ってきた日本人にとって、草地での牧畜で生産された牛肉の味や匂いにはなじめない部分もある。

それが、「グラス・フェッド」（Grass Fed）の牛特有の〝草くさい〟青い匂いである。グラス・フェッドというのは、Grass、つまり〝草をエサとして与えた〟という意味である。

これに対して、和牛に代表される「グレイン・フェッド」（Grain Fed）の牛がいる。グレイン、Grain、つまり〝穀物をエサとして与えた〟牛である。

この、グラス・フェッドの牛肉の、青くさい匂いは、日本人の現在の味覚には多少抵抗があると思う。だから、日本式の肥育方法を取りいれたフィードロットで肥育する肥育牛が必要だと思う。しかし、限りなく、和牛の味覚を追求する必要はまったくない。

〝やわらかい〟だけが牛肉のおいしさでないということを、私たちはもっと学ぶべきなのだ。未知なる味覚も、学習によって、おいしいものとして知覚されるようになるのは、誰でもすでにいろいろと体験しているはずだ。

いつまでも、和牛の味覚にこだわりつづけるのをやめようよ、と私は言いたい。

和牛もよい。輸入牛もよい。どちらにも価値を見いだしていける柔軟性をもちたいと思う。使いわけが必要ではないだろうか。

環境問題と〝肉〟

〈天候・大地・牛〉が、自然に共存しているという、牧畜の絶妙のバランスを、日本人は味覚への〝こだわり〟というワガママで壊してはいけない。自然のバランスをあえて壊してまで、自分たちの〝こだわり〟を高い円で買おうということを習慣化するとどうなるのか——。

同じく、オーストラリアで経験した事実が、私にとっては天の警鐘《けいしょう》のように感じられ、我々はこれ以上、輸入牛に和牛のスタンダードを要求するべきでない、という確信を持つに至ったのである。

タスマニアという島がある。

絶滅した〝幻の猛獣〟タスマニアタイガーが生息していた島としてよく知られている。タスマニアタイガーというのは、有袋類《ゆうたいるい》の猛獣《もうじゅう》という、非常に珍しい動物だったが、地球上でこの島にしか生息しなかったのである。

島は、オーストラリアの南部・メルボルンの南の海上に浮かび、全島がリゾート地帯といった環境だが、島の北部には酪農地帯もある。

この島と日本との縁は、主としてイセエビやアワビの貿易を通じて、である。

タスマニアの海で獲れるイセエビやアワビは日本へ輸出され、島の大切な収入源になっている。

そのタスマニアの北西部、セント・ヘレンズという海岸の町で、イセエビやアワビを獲る現場を見、業者たちの話を聞いたことがある。

「この海にはもっとでっかいイセエビやアワビがゴロゴロしていますよ」

漁師たちは、いろいろ質問する私に説明してくれた。

では、なぜ、彼らはそういう大きいものを獲ってこないのだろう。

あきらかに、なんらかの寸法の基準があるらしく、潜ってはイセエビやアワビを獲ってくる漁師たちが手に持って上ってくるのは大きさの揃ったものばかりだ。

「結婚式の披露宴で使えないから……」

なぜか、という質問の答えである。

日本でのイセエビの主な使用目的は披露宴などの宴会料理であるのはいうまでもない。

その料理に合ったサイズ。

アワビのほうは、日本人の好む黒アワビで、しかも、すし屋が使うサイズ。
したがって、イセエビやアワビの大きいものや青アワビはゴロゴロと残っているのだという。

こういう状況が、資源のバランス上、よくないのは当然である。

野菜なども日本向けのものはサイズを揃えなければならないので、資源のムダやコスト高を招いているということはよく聞く。

まっすぐのキュウリでないと売れない。

反対に、有機栽培とうたうと、曲がったキュウリが高く売れる――。

日本の消費者は、自分たちの好みやこだわりを追求するあまり、資源のアンバランスを招いたり、コスト高を招いたりして、平然としている。こういうのを「ワガママ」と言わずしてなんというのだろう。

牛と羊

人間が「お互い人として平等である」という意識のもとに生きていくのは、つくづくむずかしいものである。と、日頃、いろいろな機会にそう思わせられる（自分の意識もふくめて）羽目にぶつかるのだが、それにしても、オーストラリアで、羊と牛を飼う牧畜業者の〝いがみあい〟にぶつかったときにはたまげた。

牛飼いと羊飼いが、互いにいがみあっているのだが、とくに、牛を飼う人たちが、羊を飼う人たちを〝軽蔑《けいべつ》〟しているようである。

「あいつら、男じゃねぇ」

〝ペッ〟と、唾を吐かんばかりに、カウボーイたちまでが言い捨てるのを聞いたことがある。不思議に思って、あとで、その牧場のオーナーの話を聞いたところ、欧米では〝牛〟と〝羊〟の間の争いには長い歴史があるのだそうだ。

私たち日本人にとっては、「なんでだ?」となる牛と羊――どちらも、同じような牧畜業ではないか、と思うのだが、どうも、それがちがうらしい。

牛と羊

「牛と羊じゃ、格がちがう」となるようだ。

牛は牧草を食むとき、かならず根から数センチ上までしか食べない。根を残すわけだ。ところが、羊という動物はおとなしそうな外見の割に、草の食べ方は〝陰険《いんけん》〟で、それこそ葉も茎も根も、なにもかも食べ尽くしてしまう。

ギリシャの山野がハゲ山になった原因もじつは羊のせいだ、という話を聞いたことがある。根まで食べ尽くしてしまうので、ギリシャの土地には羊も食べないオリーブの木しか残らなかったということである。

これは、羊がもともと遊牧民に飼われていたものだったことも原因になっているだろう。遊牧民は羊をどこでも草のある土地へ連れていって食べさせ、根こそぎ食べ尽くすと次の土地へ移動していく。それが遊牧民のライフスタイルだからだ。その土地に定住はしないから、そこに新しい生産がなくても構わないのである。遊牧民のライフスタイルが先か――それはニワトリとタマゴの関係のようなもので、分かちがたく、互いの本質にからみあった問題にちがいない。

もともと、境界の意識のない遊牧民やジプシーたちは他人の土地もへったくれもないだろう。牛飼いの牧場へ自分の羊たちを追い込んで草を食べさせるので嫌われるということだ。ギリシャ時代やもっと前にさかのぼるほど、長い長い歴史の上にある争いなのだそうだ。

現在でもブラジルのジプシーたちは、「他人の牧場へ勝手に自分の羊を放して草を食べさせる」

ブラジルの大牧場《ファゼンダ》のファゼンデイロ（牧場主）に聞いたことがある。

「どうしようもない奴らだ」

日頃温厚《おんこう》を絵に描いたような人柄の、そのファゼンデイロが苦い顔をしていた。よほど始末がわるいらしい。

それはそうだろう。羊に入られた牧草地は根まで食べ尽くされるのだから、羊の通ったあとは、文字通り、草も生えない荒れ地になるわけだ。

それに対して、牛を飼うということはもっと、ずっと管理されている（されてもきた）。

牧場といっても、たくさんの区画があって鉄線かなにかで区割りがされている。一つの区画で草を食べたら、次の区画へ……、と順々に移っていく。その間、前の区画は根が残っているので、まもなく、また草が生えてくる、という具合である。

それに、牛自体が自然に牧草をよく生やす作業に貢献している。「蹄耕型《ていこうがた》」というのだが、牛の蹄《ひづめ》の働きが、自然のうちに農耕の用を果たしているわけである。

牛は牧場で草を食べながら、糞をする。糞のなかには、草の種子なども当然入っているから、自然のうちに満遍なく、種子を蒔いているかたちになる。しかも、蹄でたえず土を蹴《け》っているのが、土地を耕やすかたちになり、よい牧草地を育てるというわけだ。

同じ草を食べながら、牛は自然の繁栄《はんえい》のサイクルに寄与し、羊は土地を〝死に体〟にしてしまう。

もっとも、蹄耕型といえるのは欧米流の草地肥育の牛に限ったことである。

日本式の肥育には、こうした自然のサイクルへの貢献はないし、また、有機的な牧畜というわけにもいかない。日本式の肥育は、いかにもていねいに手をかけすぎて、まったく自然とは反する方向へ進んだものということもできる。

ところで、牛と羊に関して、面白い話を聞いたことがある。

牛は群れていても単独行動の動物だが、羊はかならず団体行動をとる。西洋人は牛型で、日本人は羊型だ、というのである。羊は群れのなかでも、さらに、頭を寄せあい、すれあうように、ごろごろのかたまりになっている。〝みんなといっしょで安心〟なのだろう。

考古学者の佐原真《さはらまこと》氏が、日本人は羊型だということに触れ、これは「日本人は意識していないけれど、世界的には異常な特徴」と発言している。「誰かが命令すると、ぱっと一つになって全体主義になる」というわけだ。佐原氏は「私は牛でありたい」と言っているが、私も然《しか》り。群れているようでも、つねに単独行動のとれる牛型でありたいと思う。

それに、生き方のスタイルとしても、自分の通ったあとは草も生えない「羊型」より、次の人たちのために、耕やし、種子も蒔き、それでいて、単独行動のとれる「牛型」がいいな、と思うわけだ。

牛肉文化

日本人は、基本的に「グルメ」ではない。いや「グルメ」どころではないと私は思う。もっと本音を言ってしまえば、日本人はグルメなんかであるものか、というところだ。

もちろん、日本人のなかにも個々の味覚の能力、感性にすぐれたものを持っている人もいて、個人個人として「グルメ」と呼ばれるにふさわしい人もいるだろう。

しかし、一般的に日本人を全体としてとらえるならば、とうていグルメなどとは呼べない。よく、フランス人がどんな市井《しせい》の人でも、食べることに一家言をもち、おいしいものを食べることに貪欲《どんよく》だ、という話を聞くが、そういう意味の、全体としてのレベルは低いと思う。

現在のグルメブームなんて、じつに、インチキなものだと思う。

グルメたることとの、食に対する真摯な思いや姿勢を理解せず、珍しければ「おいしいッ」、変わっていれば「おいしいッ」……。なんでもかんでもキャーキャー言うような、テレビのグルメ番組に毒されただけのもので、日本の消費者に本物のグルメなんか期待できるわけがないのである。と、いささかひがんでいるのだ。

私は、飲食店の経営者として、日本の消費者の味覚には相当裏切られた思い、失望してきているので、この辺はちょっとトーンが高くなってしまうのだ。

とくに、「牛肉」——肉を語る資格のある人となれば、これは極めて少ないとしか言いようがない。

肉を食べる歴史がまだ浅い。そのうえ、量を食べない。本来〝肉食の民族〟でないうえに、歴史がなく、習慣性がなく、学習がないときては、牛肉についての成熟した味覚を期待するほうがムリなのかもしれない。

お客さまからいくつものひどい仕打ちを受けた結果、これがようやくたどりついた結論である。

若い日の私は、ここのところを理解できなかった結果、ずいぶん大きな失敗をしたものである。

昭和五十年、私は六本木のスクエアビルに店を出したことがある。高級レストラン瀬里

牛肉文化

奈の前にあった、当時流行の発信拠点のようなビルだった。

　この店はステーキとハンバーグの「ハングリータイガー」とはちがい、「牛のもも肉をローストして売る」というのが基本的なテーマだった。

　ビルのワンフロア全部。１２０坪の客席の真ん中にディスクジョッキー用のブースが設けられ、カントリーウエスタンの音楽が流れるという仕掛け。

　ＤＪはなんと私自身、ここから放送もしたのである。

　若気の至りとはいえ、今考えると恥ずかしいくらい派手なことをやっていたものだ。

　昭和四十四年に「ハングリータイガー」の１号店をオープンして以来、最初の一年目を苦しんだあとは店は順調だった。関内店、相鉄ジョイナス店と出店が続くうち、各店、毎日長蛇の列ができるくらい、たくさんのお客さまに来ていただくようになっていた。だから、というわけではないが、少々気は大きくなっていたのだろうし、また、お客を甘く見ていたのかもしれない。若さゆえの無謀なチャレンジだったのかとも思わないわけではない。

　しかし、店づくりにはかなり自信をもっていたつもりである。

なにしろ、いまなら絶対うける派手な演出である。

１２０坪の客席の上を、滑車で動くレールが渡っている。ホイスト（Hoist）と呼ばれる、リフトのようなもので、でかいもも肉がシャーと引き上げられ、キッチンへ運ばれていく。大きなオーブンでじっくりと焼き上げられたもも肉がとり出され、オープンキッチンのカウンターの真ん中に、ドカッと置かれる。

シャッ、シャッ……。肉切り包丁を研ぎながら待っていたシェフが、スーッ、スーッと肉を切っていく。

一人前、３００グラム以上の肉を盛りつけては皿を渡す。しかも食べ放題だったのである。

今でもわるくないアイデアだと思っている。もも肉のローストの味もわるくない。

が、結局大損して、十ヵ月で店を閉めた。

失敗の理由は、いろいろあったろう、と思う。

価格に対して家賃も高すぎたし、規模も大きすぎた。

時代に対して少々先を行きすぎたとも思う。

しかし、なにより一番の理由は、当時の日本人の味覚に「もも肉のロースト」が合わなかったということだと思っている。

ローストに向く肉というのは、サーロイン……、つまりローストという言葉からロースという言葉ができたように、〝ローストするような肉〟という意味もふくむサーロインがよく合うというわけである。しかし、サーロインはフィレと並んで、肉の部位としては高価である。

私は肉を売る基本的な姿勢は、何度も言うようだが、「安くておいしい肉をたっぷり食べてもらいたい」というところにある。

したがって、サーロインでは食べ放題にはできないので、それほど高くない、しかも、十分においしい部位としてもも肉を選んだのである。

膝上からランプまでの、私自身の味覚からいえば非常においしいところである。

もも肉は骨付きで30キログラムもあるくらい大きく、重たい。小型オーブンは入らないから、大型オーブンでじっくりと焼きあげるのである。

上手に焼いて、中が薄いピンク色に仕上がったもも肉のローストは、肉の旨みがしっくりとあるおいしいものである。噛めばかむほどに肉特有の味わいがある肉だといってもいい。

だが、つまるところ、日本人の肉に対する「おいしさの基準」は、「やわらかいこと」と「脂がないこと」に尽きる。

「サーロイン」と「フィレ」がすべてなのである。

日本人は脂がきらいだ。それでいて、実際には、肉のすみずみまで、脂のさしこんだ和牛の霜降り肉は絶賛するこの矛盾。

「やわらかければおいしい」

「赤身ならおいしい」

牛肉に対する日本人の評価はこれがすべてなのである。肉には、じつは、これ以外にいくらでも「おいしさ」があるのに、それを知りもしないし、また知ろうともしない。

ステーキとハンバーグの店を経営していて何度も、サーロインとフィレ以外の肉のおいしさをお客さまに知ってもらいたいと思ったものである。ラウンドやランプのステーキも試みた。もも肉のローストもあった……。しかし、結果として拒否された。いつでも、サー

牛肉文化

ロインとフィレ以外の肉は好まれなかった。

古いメニューブックをとり出してみると、いつも、いつの間にか消えていったこういうステーキの名前がある。それを見るといたましい気さえする。

〝正当にそのおいしさを評価されなかった肉たちよ〟という思いである。

ランプ肉のステーキなどは、じつに最高だと私は思うのだが、売れない。

ランプというのはトップサーロインとも呼ばれる部位で、たしかにちょとかたいけれどジューシーである。

学生時代、私に牛肉の本当の旨さを開眼させてくれたドクター・キャタリンはよく、このランプのステーキを焼いてくれたものだ。

お金のなかった先生は安いランプを買うわけだが、それでステーキサンドイッチをつくるのである。

カリッと焼いたトーストパンに、マヨネーズとケチャップの混ぜたのを塗り、辛子も塗る。ミディアムに焼いて、肉汁の滴るようなランプのステーキをはさむ。上に、レタス、トマト、オニオンをのせてサンドイッチにする。

パクッと噛みつくと、ジュワッと肉汁がしみ出てくるようなランプステーキと、カリッとしたトーストパンがよく合って、なんともいえない旨さである。

「これが本物のステーキサンドイッチだ」

「旨いか？　旨いだろう」

得意そうな先生の声を納得したものである。

いまでも、私は「一番旨いステーキ部位は？」と聞かれれば、「ランプ」と答えるだろうと思う。

自分の仕事に誇りをもっている肉屋の主人などに一度聞いてみるといい。たいがい「ランプが旨い」と言うにちがいない。ランプ肉はそれくらい専門家好みの味である。

かたいけれどジューシー（肉汁が多い）なランプ肉、というように、牛肉には「やわらかい」「赤身」以外にもいろいろなおいしさの要素がある。

噛みしめると肉の旨みがある、脂身がゼラチン質だけになるくらい煮込んで、味のしみたとろっとしたおいしさ、汁気をたっぷり含んでジューシー、噛んだときの食感がおいしい、噛んだときの肉汁の香りが旨い……。肉のどの部位にもそれぞれ特有のおいしさはあるものだ。

日本人がもし本当にグルメなら、こうした肉のさまざまなおいしさを感じとれる能力を備えているはずである。

だが、実際には、いつまでたっても「サーロイン」と「フィレ」のみ。味覚に進歩がない。成熟がない。これで「グルメ」などと言えるのか?

その点、肉を食べる歴史の長い欧米では、じつにバラエティに富んだ肉（部位）をたくみに調理する。それも決してプロではなく、ごく一般の家庭で、さまざまな部位を上手に食べる。

煮込みにするからグーズネック（ボトムラウンド）やブリスケットで、バーベキューだからフランクで、ショートプレートも煮込みには合うとか、ローストビーフを安くあげるならボールチップがいい、リ・ド・ヴォーやキドニーもごちそうだネ……といった具合に、牛肉のすべての部位が、その特徴に合わせた調理法でおいしく食べつくされる。

これこそが、食べ物に敬意をもって接する真のグルメというものだろう。

私が愛読してやまない、本間千枝子氏の『アメリカの食卓』（文藝春秋）という本の中に、こういうアメリカの肉事情がよくわかるくだりがある。町の肉屋で買い物をするときの話である。

「…家族のために一週間分の肉を注文するのだから、品数も多く、分量もまちまちで、考えるだけでも容易なことではない。肉は部位によってみな呼び方が違う。ランプ、サーロイン、リブ、ラウンド、チャック、ポーターハウスというように、牛肉は特に名称が細部に分かれている。呼び名が違えば、いちいち値段も違う。私は一週間分の献立をさっと考えながら…

私は説明を聞いてから一応一週間分の、欲しい品を全部並べたてた。『二ポンド以上のフライ用チキン、ポークのサーロイン一ポンド半、ランプローストを三ポンドと…それからホームメイド・ソーセージももらってみるわ。ボイルド・ハムも四分の三ポンド頂戴な…それだけ』」（『アメリカの食卓』）

牛肉文化

こういうのを読んだり、また、自分で体験したりするたびに、牛肉文化の成熟がちがうなあとつくづく思うのである。

「日本のレストランでみかける西洋料理とのいちばん大きなちがいは、ビフテキやポーク・カツのような切り身でなく、もとの形のはっきりわかるものがさかんに家庭の食卓にのぼることである。おそらく価格の安いのが主な理由であろうが、そういうものを専門のコックでなく、ふつうの家庭婦人が料理するのである。日本でこんなことが考えられるだろうか」と、鯖田豊之氏は書いている。

「このような例にくらべれば、日本人の肉食はままごとのようなものである」（『肉食の思想』）ということになる。

然り。まさに、ままごとみたいなものなのだ。

日本人は「やわらかい」「赤身」である、ということのみ大切にして、さまざまなおいしさを持つ、安く手に入るほかの部位を全部捨てているようなものである。まったく不経済な話である。

これは生物の命をもらって食としている人間として、根本的に間違った態度だと言わざるをえない。

私という人間の生命をつなぐために、自らの生命を捧げてくれる生き物のすべてに対して、私にできることといえば、ありがたく感謝をこめて、すべてを我が命のなかにいただく、ということだ。頭のさきから尻尾の先まで、なにひとつ、余すことなく食べ尽くす——それが、私にできる彼らへの最大の敬意である、また、感謝でもあると私は信じている。

また、それが真にグルメたるものの資格であろうと、私は信じている。

私にとっては、サーロインもフィレも、ブリスケットもレバーもタンもオックステイルもみな同じ価値をもっている。

それぞれのおいしさがある、ということだ。

アメリカの家庭のバーベキューなどでよく登場するフランクという部位も安いものだ。

「安いから、安心してたっぷり食べられる」

これが欧米人が肉を食べる基本的な姿勢だろう。そして、それが食文化のひとつの成熟であろうと私は思う。

一客5万円も7万円もする懐石の世界の、食べるには惜しいような見た目の美しい料理も、ひとつの成熟であろうが、こういう食に対する非常にリーズナブルな対応も成熟なくしては現れてこないものである。

基本的な日々の食事に100グラム、ウン千円もする肉は食べられない。また食べたくもない。

それは決して〝リーズナブル〟なことではない。リーズナブルでないことを、私は好まない。

私が〝主婦〟なら、家族にたっぷりの牛肉を食べさせるため、安いラウンドやランプ肉を手に入れ、味ややわらかみが足りなければマリネで補い、おいしく調理するだろうに(?!)。

牛肉を売ることを職業としている以上、日本人にこうしたさまざまな肉の部位のおいしさも知ってもらいたい、という気持ちもあった。しかし、私は牛肉の伝道師ではない。結局経営上、自分ではおいしいと思っているランプももも肉も引っ込めざるをえなかったのである。

現在の「ハングリータイガー」のステーキメニューは、情けないことに、サーロインとフィレの2種類のみ。

「安くておいしい牛肉をたくさん食べてもらいたい」と意気込んでいた若い日から思えば、一種の敗北といえないこともない。

一日も早く、日本の消費者が〝サーロイン〟と〝フィレ〟オンリーの味覚から脱して、ランプもラウンドもトップサーロインももも肉も、それぞれの味わいを知り、それぞれの価値を評価できるようになるように、と思わざるをえない。

牛肉文化の成熟を切に願うところである

人気メニュー

〝ダイエット〟がブームだということである。また、〝ヘルシー〟が食事の大事なキーワードで、高カロリーの食事やボリュームは諸悪の根源だと思われているらしい。

となると、「ハングリータイガー」の拠《よ》ってたつコンセプトはまったく成り立たなくなってしまう。

レストランとしての「ハングリータイガー」は「おいしいものを、リーズナブルな価格で、たっぷり（量）召し上がっていただく」という考えのもとに営業しているからである。

ここ十年くらいの間、アメリカの大手チェーンの商品にも、低脂肪、低カロリーのチキンが多く登場したり、赤身肉のローカロリーパティを使ったハンバーガーがつくられたりして、あきらかに、〝ヘルシー〟と〝ダイエット〟は時代のキーワードのようであった。

ニューヨークやロスアンゼルスでも、１８０センチは優に越える大男のビジネスマンたちがランチタイムに、大きなサラダボウルいっぱいの野菜サラダを嬉しげ（これは多少ヒガメの感想である）に食べている光景には何度も出くわした。

周囲を見まわせば、女子社員は退社後ジムへ通っていたり、昼の食事を減らしてみるみるやせていく――。

「こりゃ、まずい」

正直言って、いささかあわてた。近年売り上げの伸びが鈍化し、低迷している店もでてきていた。

「おいしいものをたっぷり」という、わが社のコンセプトが通用しないとなると、どうしたらいいのだ。あらためて、店のメニューを眺めてみると、商品名の一つひとつから、高カロリー、高脂肪、肥満といった文字が浮きでてくるような気さえした。

なにしろ、当店では、一番ボリュームの少ない「レギュラーハンバーグ」でさえ、100％牛肉が220グラムある。それ以下のメニューは、よほどの少食の方のために用意している「国産フィレステーキ150グラム」と「国産サーロインセレクト200グラム」のみ。

あとはすべて、300グラム、350グラム……という具合。コンビネーションのメニューでは450グラム、最大の600グラムもある。

テーブルに運ばれた、ジュウ、ジュウと脂をはねているわが店のボリュームいっぱいの大きなハンバーグやステーキを見て、お客さまが眉をしかめながら急いで帰っていくという、あらぬ妄想に襲われるような気がしたこともある。

「うちのお客さまは、おいしい肉をたっぷり食べたい方々だ」

という確信が勝つ日もあれば、

「いや、時代を離れての商売はない。ダイエットとヘルシーの傾向は一時的流行ではなさそうだ」

という気持ちとが日々せめぎあった。本心を言えば、自分自身の嗜好《しこう》から推して、「絶対たっぷり食べたいお客さまもいる」という気持ちがつよかったが、人間哀しいもので、わずかでも売れ行きが鈍《にぶ》ってくると自信が揺れてくる。

「社長、時代の流行を取りいれなければダメですよ」

という商品課の強い要望に押されるようにして、十数年前、「ハングリータイガー」の一部店舗で、実験的にローカロリーの赤身のハンバーグを売りだしたことがあった。

ネーミングもズバリ「ローファットハンバーグ」とした。

ガロニ（つけ合わせ）も定番のベークドポテトやミックスベジタブルをやめ、食物繊維の多いキドニービーンズやベビーコーンを使った。

毎日といっていいくらい、新聞には〝ダイエット〟や〝ヘルシー〟の文字が並んでいたし、雑誌にもそういう関連の店が紹介されていた。

「売れるぞ！」

と、内心みんなが思っていたのである。

ところが、である。ポツポツ物珍しさで注文してくれるお客さまは出始めたが、

「やっぱり、いつものがいい。二度と食べない」

「これもおいしいけど……いつものがいい」

という声が圧倒的である。

都会派のお客さまの多い数店舗での実験だったが、がっかりするほど早く、「ダメ」という結論を出さざるをえなかった。

たしかに、ハンバーグの専門店という視点からいけば、いろいろな意味で、ハンバーグのバラエティを持つことに意味はある。現在、私たちがもっているのは、「レギュラーハンバーグ」と呼ばれるスパイシーなハンバーグ1種類だけ。過去には100％和牛のハンバーグ「スプリーム」、ボリュームのバラエティとして「XLハンバーグ」（レギュラーハンバーグの約1・5倍量）があったが、いずれも思うようには売れなかった。「XL」の代わりに現在も「ダブルハンバーグ」（レギュラー2個440グラム）はメニューにのっている。人気もある。

そこへ「ローファットハンバーグ」を投入したのである。

人気メニュー

看板商品はビーフ100%のラグビーボールのような220グラムのレギュラーハンバーグ。これが2個のダブルハンバーグ（写真）もボリューム満点で人気の商品だ。

食材面でいくと管理しなければならないのは2種類の挽材だけである。お客さまの幅広いニーズに応えるという点では、ここに、「ローファット」のハンバーグが加われば、さらに鬼に金棒――となりそうに思える。

しかし、実際にはこの商品は不人気であった。

一方で、メニューにのせた当時は、ほとんど売れなかった「XL」と「600グラムステーキ」だが、存在を知られるようになると、ジワジワと人気が出てきていた。（「XL」はその後、ロスの問題でやめることになったが……。）

なにしろ、この「ダブル」と「XL」のつよ味は、〝でかい〟ことだ。

チャコール台に置くと、まさに威容《いよう》を示すというボリュームである。

「あのでかいのは何だ」

と、お客さまの関心を惹くのである。

どうも、ヘルシーやダイエットは、「ハングリータイガー」では通用しないらしい。

そう思い始めていた矢先、一九九三年夏の「スタミナフェア」の商品が爆発的な売れ方を示した。

ステーキとハンバーグを組合わせ、サラダもボリュームアップした、まさに〝ボリューム〟をコンセプトにした商品だ。

店長たちから、「こんなシェアをとったフェア商品はない。定番に導入してほしい」という声が届くくらい売れたのである。

「やっぱり、『ハングリータイガー』はボリュームを売るんだ!」

私も内心、ひそかに「万歳!」を叫んでいた。

「おいしいものを、リーズナブルな価格で、たっぷり」

という、「ハングリータイガー」創業時の私の考え方がいまも通用するものであることを確信できたからである。

〝ヘルシー〟や〝ダイエット〟を受け入れる人々がいる一方で、また、ボリュームを愛する人たちもいる——。

いや、むしろ〝ヘルシー〟や〝ダイエット〟を追求する人たちのなかにも、ときには〝おいしいものをたっぷり食べたい〟という欲求がおこってくるはずだ、と言ったほうがいいのかもしれない。

人間は多面的な生きものである。一面の価値だけで生きていくのでは、あまりにさみしいではないか。それに「肉」はじつにおいしい食品である。

肉食をしない人々もいる。それはその人たちの考え方で、よいと思う。しかし、肉もまた、人間のために神が与えた生命をつなぐ大切な食べものである。ありがたく、大切に、ムダにせずに、おいしく食べたいと私は思う。

前にも触れたように、私の父は肉屋だった。私は中学からキリスト教系の青山学院の生徒になった。

信者ではなかったが、牧師さんの説くキリストの愛や、人としての戒《いまし》めを聞いているうち、私は父の職業を悩むようになったことがある。「汝、殺すなかれ」という思想に対して、まず、基本に「屠殺《とさつ》」ということがある肉屋という職業が神の目から認められないのではないかと思うようになったからである。

子が親を好きなのは当然かもしれないが、私は父が好きだった。私や弟や母のために、朝早くから一生懸命働いている後姿を見て育ったからである。肉屋を開業するまでの苦労も、よく食事のときに話にでた。

父は戦前、満鉄（南満州鉄道）で働いていたと聞いたが、終戦により上海から引き揚げてきた。両親にとって戦後の生活は厳しいものだった。仕事を見つけるのも困難だった。いつまでも実家の世話にはなれない。ようやく見つけたのが肉屋での仕事で、そこで仕事を覚えながら、2人は横浜へ出て肉屋を開業しようと決めるのである。

茅ヶ崎在の田舎から、小さな店を借りるあてのついた横浜までの道を、若い両親は引っ越しの家財道具を積んだリヤカーを引っ張って歩いた。父が引っ張り、母が後ろを押しながら——。

「遊行寺《ゆぎょうじ》の坂がきつかったなあ」

晩酌で、ちょっと酔うと、両親は何度も同じ話を聞かせたものである。

藤沢の遊行寺前、国道1号線の道はきつい坂道である。重いリヤカーを引いて登るのは厳しく、2～3歩歩くと苦しくて、ひと休みしつつ、ようやく坂を登り切ったのだという。

子供たちのために、なんとか人並みの暮らしを立てたい——若い両親は骨身を惜しまず働いた。始め、店の2階を住居にしていたのが、間もなく、住まいを別にできたのも、そんな両親の必死の努力があったからだ。

まだ、店の2階に寝起きしていたころ、こんなことがあった。私が小学校三年生のときのことである。

私は風邪で39度もの熱をだし、2階で寝ていた。小さい肉屋では、コロッケやカツという、惣菜づくりも大切な商売である。売れれば売れるほど、揚げ物を揚げる油の匂いと熱が2階へも上がってきてこもる。

小さな家の2階の部屋には上の方に小さい窓が一つだけ。夏の暑い日で、暑さと熱と、そして、油の熱気のむんむんこもる部屋で、私は汗みずくで真っ赤になって苦しんでいた。と、突然、階段をかけ上がる足音がして、父が上がってきた。そして、バラック建ての2階の一角を、鋸《のこぎり》でギイギイと切り始めた。

39度もの高熱で苦しむ私のために、たまりかねた父は2階のその部屋に大きな窓をつくろうとしたのである。

父がつくってくれた窓から、さあっと外気が入りこんで、半分熱に浮かされたような私だったが、その快さに、生き返るような気がしたのを、いまでも忘れることはできない。

成人してから、父にあらためて感謝したこともない親不孝者だが、「父」を思うとき、いつも、自分も汗だらけになりながら、窓を開けている姿と、遊行寺の坂を汗をたらし、息を切らせながら登っている姿が目に浮かぶ。

中学に入学する頃には、商売も順調で、私は親の苦労も知らずに、当時からお金のかかるほうだった青山学院中等部へ入学させてもらうことができた。

「子供たちのために」と、いつも頑張ってきた父の職業が「神の目から罪であったらどうしよう」、一時私は勉強も手につかないくらい悩んだものである。

人気メニュー

大学生になって、私はその悩みをある牧師に打ちあけたことがある。そのとき、その牧師が諄々《じゅんじゅん》と、説いてくれたのが、いまも私の考え方の基本になっている。

神の目から見た人間の平等。職業に貴賤《きせん》はない、というのは、神の前の平等という意味だということ。そして、人がこの世で生きていく上に必要なものとして、肉も魚も神が許した食べ物である。大切なのは、その命をムダにせず、感謝して、大切に食べるという気持ちだというようなことを話してくれた。

「お父さんのお仕事は立派な仕事ですよ」

そう言って、ニッコリ笑ったその老牧師の言葉と笑顔が、今日の私の職業観へつながっている。

牛の命をありがたくいただく。その代わり、自分の生き方もせいいっぱい、人々のために役立てる――そうしたことで、いただいた生命もその使命をまっとうできる。私はハングリータイガーの商品づくりのなかに、いまも、その念をこめているつもりである。

だから、「やっぱり、おいしい肉をたっぷり食べたい」というお客さまがたくさんいらっしゃる、という確信が得られたことは、この私の職業観そのものが認められたと思えて嬉しかったのである。

「ダイエットもヘルシーもご家庭でどうぞ。ハングリータイガーではおいしい牛肉を、たっぷりどうぞ！」

それ以後のハングリータイガーでは、あらためて、この考え方を標榜することになった（言葉としては表現しないが、互いのコンセンサスとして）。

したがって、現在のメニューには、ヘルシーやダイエットを意識したものはまったくといってない（サラダ類は別として）。

現在の「ハングリータイガー」のメニューブックでは、ハンバーグとステーキの間に「COMBO盛り合わせ」というメニューが並んでいる。

あの圧倒的に売れたフェア商品後、メニュー化されたハンバーグとのセットメニューである。

「オリジナルハンバーグ」と「国産フィレ150グラム」
「オリジナルハンバーグ」と「リブロース170グラム」

人気メニュー

「オリジナルハンバーグ」と「骨付ラム」

「オリジナルハンバーグ」と「グリルチキン」

という具合である。

もちろん、たくさんの別の努力や理由もあるだろうが、「ハングリータイガーは、かくあるべし」と確信して以降、おかげでようやく低迷を脱出してきた。

商売も商品も、自分（それは個人というだけでなく、会社としての在り方もふくめ）の内なる確信なくして、時代の流行に追従するだけでは決してお客さまの支持はえられない、ということをあらためて学んだのである。

最近アメリカでも、いろいろな潮流のなかでまた、ボリュームのあるステーキはステーキとして人気はあるのだ。アメリカ中がヘルシーブームのときでさえ、ハリウッドの有名なレストランでは、仰天するほど大きなステーキをだして、人気も高かったのは、実際に知っている。この店は、エリザベス・テイラーが、エイズ救済資金のチャリティーディナーを催した高級店である。

ローカロリー志向のハンバーガーも惨憺《さんたん》たる結末となった。結局アメリカ人の多くは、やっぱり、野菜だけでは我慢できなかったのである。牛肉のおいしさはそれだけ魅力的なものだと、私は思っている。

わが「600グラムステーキよ、ダブルハンバーグよ、健在なれ!」

このボリュームと迫力こそ、私の愛するものであり、また、ハングリータイガーの目指すべきものでもある。

口幅ったい言い方だが、お客さまが喜んでくださることが、社員の幸せ、社員の幸せは会社の幸せ、発展であり、取りも直さず、それが〝牛〟に生かされた私の責務であり、幸せである。

第二部は、『牛肉を食べる』（井上修一著、コスモの本、1995年刊）より抜粋し、一部加筆、表記を整え、現状のメニューブックとの整合性をもたせた以外は、刊行当時の原文をほぼそのまま収録した。

井上 修一（いのうえ しゅういち）

昭和17年、神奈川県生まれ。

株式会社ハングリータイガー 代表取締役会長。

オーストラリア・ジブラルタル牧場主。

青山学院大学経済学部卒業後、ロスアンゼルス・トレード・テクニカル・カレッジでレストラン経営学を学ぶ。

帰国後、昭和44年（1969年）、横浜・保土ヶ谷にステーキとハンバーグのハングリータイガー1号店を開店、以後2000年までに29店舗、ファストフード店3店舗、焼肉店5店舗を展開する。だが、2000年〜2001年、O-157事故、BSE問題で牛肉業界が大揺れのなか、生き残りをかけて3店舗に縮小。現在ハングリータイガーは2019年、出店を予定している店舗を含め10店舗を展開。日本フードサービス協会理事、各委員会委員長などを経て、1999〜2001年、日本フードサービス協会会長を務めるなど、外食産業全体のレベルアップと発展に力を尽くした。2006年、藍綬褒章を受章。

カウボーイになった男

2019年3月15日 第1刷発行

著 者 井上修一
発行者 野本信夫
発行所 株式会社エフビー
〒102-0071 東京都千代田区富士見2-6-10-302
電話 03-3262-3522 FAX 03-5226-0630
e-mail books@f-biz.com
URL http://f-biz.com/
振替00150-0-574561
印刷・製本所 株式会社 暁印刷
ブックデザイン 安藤葉子（COMO）

ISBN 978-4-903458-15-1